Die Küche
Marokkos

Die Küche
Marokkos

Texte und Rezepte: Tess Mallos

DK

PORTUGAL
SPANIEN
ATLANTISCHER OZEAN
MITTELMEER
Tanger
Tetuan
RIF MOUNTAINS
Rabat
Fez
Meknes
Casablanca
Safi
Marrakesch
ATLASGEBIRGE
Essaouira
DADES-TAL
Erfoud
Quarzazate
Agadir
Tiznit
ALGERIEN
WESTSAHARA
MAURETANIEN

INHALT

Die Küche MAROKKOS

Die Vielfalt der marokkanischen Küche ist beeindruckend. Während die Küche der Berber stets Basis für die Entwicklung neuer Rezepte war, verdankt die heutige marokkanische Küche ihre Unverwechselbarkeit arabischen, persischen und andalusischen Einflüssen.

Phönizier, Karthager, Römer und Byzantiner – all diese Völker prägten jenen Teil der Welt, der heute Marokko heißt. Erstere trieben in der Antike Handel entlang der Mittelmeerküste, Letztere pflanzten zu einer Zeit, als das damalige Mauretanien und ganz Nordafrika zum Römischen und später Oströmischen Reich gehörten, Ölbäume und Weinstöcke. Den nachhaltigsten Einfluss auf Kultur und Küche hatten jedoch im späten 7. Jahrhundert aus Arabien einwandernde Muslime. Sie nannten das vom heutigen Tunesien bis nach Marokko reichende Gebiet Maghreb (Westen) – der Name blieb erhalten.

Obwohl die marokkanische Bevölkerung zu 80 Prozent aus Berbern besteht, gelten die Marokkaner als Arabo-Berber. Daneben gibt es einen großen Anteil von Afrikanern aus dem Senegal, Mauretanien und Mali, die früher mit den Handelskarawanen ins Land kamen. Arabisch und Französisch sind Amtssprachen. Letztere etablierte sich während der Präsenz der Franzosen zwischen 1912 und 1962. Sie markierten auch die Grenzen, verbesserten Infrastruktur und Landwirtschaft und führten den Weinbau ein. Zu ihrer kulinarischen Hinterlassenschaft gehören Baguette, Croissants, Wein, Kaffee und Patisseriewaren.

Die Berber stammen angeblich aus dem heutigen Libyen und bewohnten zur Zeit der arabischen Eroberung Mauretanien und das bis zum heutigen Tunesien reichende Numidien. Viele ihrer Bräuche, wie die mehrere Tage dauernden *moussems* – Feste und Pilgerfahrten – haben bis in unsere Zeit überdauert.

Oliven in Emailleschüsseln. Ein Mosaik schmückt eine Wand. Ein arabischer Torbogen. Nächtliche Imbissstände auf der Djemma el Fna in Marrakesch. Unweit der Stadt erstrecken sich die Bergketten und Schluchten des Mittleren Atlas. Eine Frau kauft Gewürze ein. Minztee am Arbeitsplatz. Ein hinter einer Reklame für Couscous aufragendes Minarett – Impressionen aus Marokko.

Wasserverkäufer mit buntem Troddelhut. Wehende Standarten. Eine Moschee erhebt sich majestätisch über den Straßenalltag. Frisch gegrillter Fisch an der Küste. Bissara zum Frühstück. Eine Schüssel mit gedünsteten Schnecken. Seit Jahrhunderten von Frauen getragen: die *djellaba* – Kontrast zum heutigen modernen Alltag. Orangensaftverkäufer. Teekessel. Minztee im Café.

Zwar besitzen die Berber eine eigene Sprache (mit regionalen Varianten), doch wird diese nur gesprochen, nicht geschrieben. Heute haben sich Berberkultur und islamische Kultur vermischt.

EINFLÜSSE

683 erreichten arabische Soldaten auf ihrem Eroberungszug, bei dem sie die Botschaft des Propheten Mohammed verbreiteten, Mauretanien. Gemeinsam mit rekrutierten Berbern nahmen sie 711 die Iberische Halbinsel ein, die sie während der nächsten sieben Jahrhunderte beherrschten. Da man die Berber damals Mauren nannte, wurden die Invasionstruppen allgemein auch als *moros* (Mohren) bezeichnet.

Die Araber gaben der Iberischen Halbinsel den Namen Al Andalus und führten den Anbau von Safran, verschiedenen Zitrusfrüchten, Feigen, Granatäpfeln, Spinat, Auberginen, Mandeln, Reis und Zuckerrohr ein – Früchte, die sich von Andalusien aus auch in Marokko etablierten. Der ganze Reichtum arabischer Kultur und Gelehrsamkeit – Medizin, Kochkunst, Architektur und Landwirtschaft – erblühte in Andalusien – und seit dem 10. Jahrhundert besonders am Hof des Kalifen Abd ar-Rahman III. in Córdoba. In Córdoba, damals wohl Millionenstadt, spiegelte sich damals die Hofkultur der Kalifen von Bagdad, die wiederum von den unterworfenen Persern gelernt hatten. Es war eine Zeit voller Poesie, während der man Speisen besang und Koch-bücher verfasste.

Vom 11.–13. Jahrhundert beherrschten die Berberdynastien der Almoraviden und Almohaden Andalusien und Marokko. Die reichen Hofküchen von Fes, Rabat, Meknes und Marrakesch bildeten das Eingangstor für neue Lebensmittel und Methoden zur Verfeinerung von Rezepten – ein Prozess, der sich auch unter späteren Dynastien fortsetzte. Die auf diese Weise entwickelte Küche war und ist einzigartig; sie nutzte die Erzeugnisse und Geschmacksnuancen Marokkos und verfeinerte sie durch neue, von den Arabern eingeführte Gewürze. Ein Beispiel dafür sind die für Marokko so typischen süßsauren Fleischgerichte mit Obst.

Auch Eigenheiten der osmanischen Küche gelangten über Algerien ins westlichste Land des Reiches, nach Marokko. Diesem Einfluss verdanken wir wohl die zahlreichen Rezepte für gefüllte Gemüsegerichte, aber auch die Kebabs, die man heute überall in Marokko findet. In manchem Café, vor allem im Nordosten Marokkos, trinkt man auch türkischen Kaffee, obwohl er gewöhnlich auf französische Art zubereitet wird. Das beliebteste Getränk aber ist Minztee.

1492 endete mit der Vertreibung aller Mauren und Juden, die sich weigerten, zum Christentum zu konvertieren, die christliche Rückeroberung (*reconquista*). Viele Juden ließen sich in Marokko nieder, und ihre Rezepte bereicherten das bunte Mosaik der marokkanischen Küche.

Nach der Entdeckung der Neuen Welt fanden Paprika und Chili, Tomaten, Kartoffeln und Kürbis Aufnahme im Repertoire der Zutaten. Mit den getrockneten Chili- und Paprikaschoten kamen auch neue Gewürze hinzu – Chilipulver, Cayennepfeffer und Paprika.

AUS DEN PALÄSTEN

In den Palästen der Berberdynastien des 14. Jahrhunderts nahm die Küche Marokkos Formen an. Und über die Hofküchen gelangten neue Lebensmittel und Rezepte allmählich auch in die Haushalte der einfachen Bevölkerung. Aus der Verbindung von Berberküche, arabischen und persischen Einflüssen entwickelte sich die berühmte *bestilla*, eine nach Gewürzen und Kräutern, Zitrone, Ei und gesüßten Mandeln duftende und in seidenpapierdünnen *warkha*-Teig gehüllte Taubenpastete. Entlang der Seidenstraße hatten die Perser den Chinesen die Kunst abgeschaut, dünne Teige zuzubereiten – die Ähnlichkeit von *warkha*-Teig mit Frühlingsrollenteig ist kein Zufall. Man erhält ein Teigblatt, indem man die klebrige Teigkugel wiederholt auf ein leicht gefettetes und auf eine Kohlenpfanne gestürztes *tobsil del warkha* (Blech) klopft. Mit jedem Klopfen wird sie flacher, bis man eine papierdünne Scheibe erhält. Sobald der Rand angetrocknet ist, hebt man sie ab und legt die Scheiben aufeinander. Danach wird der *tobsil* umgedreht und die *bestilla* darin gebacken. *Warkha* wird auch für kleine süße oder pikante Pastetchen verwendet und lässt sich durch Filo- oder Frühlingsrollenteig ersetzen.

Schon immer beschäftigte man Frauen als Köchinnen, und noch heute erledigen sie in der königlichen Palastküche wie auch in Restaurantküchen die Hauptarbeit. Die von König Hussein II. in seinem Rabater Palastkomplex gegründete Königliche Kochschule bietet künftigen Küchenchefs, Männern wie Frauen, auch heute noch ein Übungsfeld und führt damit eine lange Tradition fort.

REGIONALE KÜCHE

Traditionelle Rezepte findet man fast im ganzen Land, wobei Tajines, leckere Salate und Couscous am charakteristischsten für die marokkanische Küche sind und jede Köchin die in ihrer Region verfügbaren Zutaten verwendet.

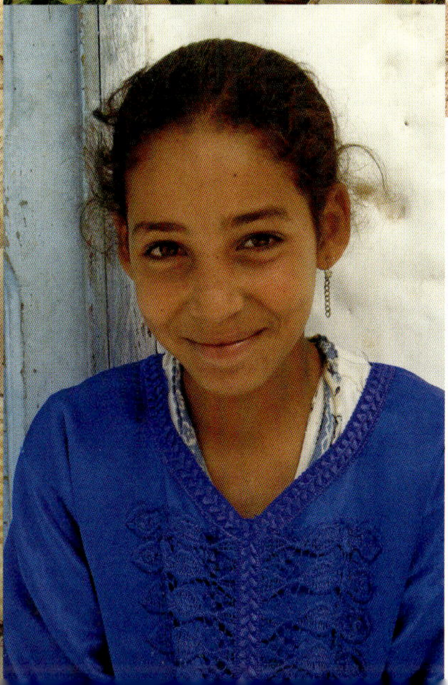

Teil eines alten Palasts. Fleisch an einem Marktstand. Dekorative Tajines. Kochen über dem Kohlenbecken. Arabisches Tor. Gewürzhändler mit *ras el hanout*. Frische Erbsen auf alter Waage. Schüchternes junges Mädchen. Händewaschen am Brunnen. Mit seiner *tangia* in der Hand betritt der junge Mann den Heizraum des Hamam (Badehaus), um den Inhalt dort garen zu lassen.

Dattelpalmen überragen die Mauern von Marrakesch. Frisches Obst und Gemüse. An der Straße nach Marrakesch. Auf der Djemma el Fna unterhalten Akrobaten, Musiker und Schlangenbeschwörer das Publikum. An Imbissständen werden typisch marokkanische Gerichte verkauft. Eine Schlucht im Mittleren Atlas. Bohnen und Linsen in Blecheimern. Junge mit Minzekarren.

DER NORDEN

In Tetuan, Tanger und Umgebung sind die andalusischen Einflüsse unübersehbar. Paprika, Olivenöl und wilde Artischocken werden gern verwendet, es gibt Reisgerichte und Omelettes. Sogar Tapasbars findet man hier – Überbleibsel aus der Zeit zwischen 1912–1956. Tetuan ist für seinen ebenfalls aus Spanien stammenden *nouga* (Nugat) berühmt. In Tanger gibt es reichlich Fisch aus Atlantik und Mittelmeer. Und im Nordwesten der Stadt destilliert man aus den Blüten der *bigarade* (Bitterorange) *zhaar* (Orangenblütenwasser).

Die Berber des Rifgebirges lieben *breks*, eine tunesische Spezialität, und bereiten Couscous aus einer Hirse, die ähnlich wie Buchweizen schmeckt. Ein weiterer beliebter Couscous wird aus *azenbu* (Grüngerste) zubereitet, die mit wildem Thymian geröstet und mit einer Schüssel Buttermilch serviert wird. *Chorba bissara*, eine Suppe aus getrockneten Dicken Bohnen, isst man gern zum Frühstück und wird oft auf Märkten angeboten. Walnüsse und Kastanien gedeihen hier und finden in den dörflichen Souks und an der Küste reißenden Absatz.

Ein berühmtes Gericht aus Fes ist *aloes bit tamra*, für das man Fisch aus dem Fluss Sebou mit mandelgefüllten Datteln füllt. Die *bestilla* (Taubenpastete) von Fes ist die am häufigsten zubereitete Variante dieses Gerichts, was den Bewohnern von Tetuan gar nicht recht ist. Sie behaupten, die Bewohner von Fes, kaschierten ihre Fehler in der Herstellung durch die süße Mandelfüllung. In Tetuan dominiert Zitrone die Farce.

Zwischen Fes und der Westküste bei Rabat liegt eine fruchtbare Region mit Sebou-Tal und Sais-Ebene, wo Weizen, Hülsenfrüchte, Gerste, Oliven, Sonnenblumen, Zuckerrüben, Zitrusfrüchte, Weintrauben und Gemüse angebaut werden – in der bewässerten Gharb-Region auch Reis. Rinder werden ebenfalls gezüchtet, aber schon als Jährlinge geschlachtet, sodass das Fleisch nicht allzu kräftig schmeckt und häufig als Kalbfleisch bezeichnet wird.

ZENTRALMAROKKO

Westlich des Mittleren Atlas liegt Marrakesch. Eines der berühmten Gerichte der Stadt ist der traditionell von Männern zubereitete Schmorfleischtopf *tangia*. Ebenfalls bekannt ist *kneffa*, eine festliche Süßigkeit aus frittiertem *warkha*-Teig, der mit Mandelpudding gefüllt und gerösteten Mandeln bestreut wird. *Tkout* oder *sellou* ist eine Mischung aus geröstetem Mehl, Mandeln, Sesam, Anissamen, Honig, Zimt und Butter, die kegelartig aufgehäuft von allen gemeinsam von einer Platte gelöffelt wird.

Im östlichen Mittleren Atlas bei Kelaa el M'gouna im Dades-Tal liegen die berühmten Rosengärten, deren duftende frische Blüten für Rosenwasser verwendet werden. Die getrockneten Knospen werden an Gewürzläden geliefert. In Ouarzazate, wo man das Rosenwasser aus Blüten destilliert, feiert man Mitte Mai ein Rosenfest. Westlich von Ouarzazate, um Taliouine im Antiatlas, wird Safran angebaut. An der Ostseite des Mittleren Atlas, nahe der Grenze zu Algerien, liegen die Erfoud-Oasen Tafilalt, Rissania, Seffalat, Aoufous und Jorf, wo eine Million Dattelpalmen wachsen – allein 30 verschiedene Arten!

DIE WESTKÜSTE

In der fruchtbaren Küstenebene von Chaouia zwischen Rabat und Casablanca werden Obst und Gemüse kultiviert; Weizen und Mais, so weit das Auge reicht. Auch die südliche Atlantikküste ist ein einziger Garten, in dem Mais, Hirse und Gerste gedeihen und der mit den Orangenhainen Agadirs endet. Arganbäume wachsen landeinwärts zwischen Essaouira und Agadir – aus der Argannuss wird das berühmte Öl gewonnen. *Amalou* ist ein leckerer Brotaufstrich aus gemahlenen Mandeln, Arganöl und Honig.

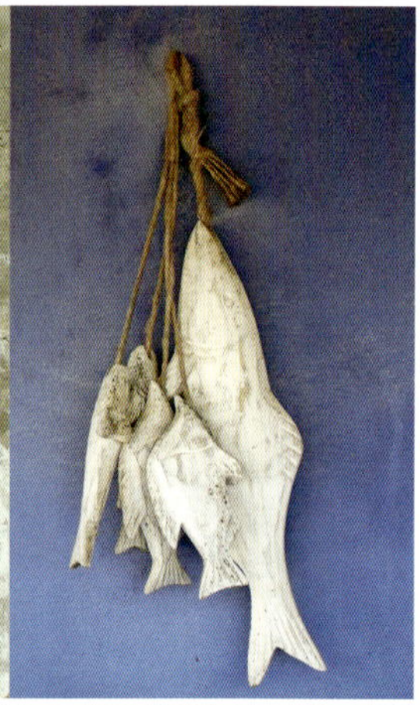

Entlang der Küste, die vom Reichtum des Atlantiks profitiert, isst man mit Vorliebe Fisch und Meeresfrüchte. Geschätzte Gerichte sind *sardin marqad* (gebratene, mit *chermoula* gefüllte Sardinen), *tajine bil hout* (eine Fisch-Tajine), *kseksou bil hout* (Fischcouscous) und *bestilla bil hout* (Fischpastete). Safi ist für seinen *tassegal* (Blaufisch) berühmt. Wenn er Saison hat, reisen Marokkaner von nah und fern an.

DER SÜDEN

Der Antiatlas und die Präsahararegion sind die Heimat der Berber und der nomadischen Tuareg. Der Couscous dieser Völker besteht häufig aus Weizen, Mais- oder Hirseschrot oder auch aus Grieß. Fleisch ist oftmals Kamel-, Igel- oder Fuchsfleisch, wobei Milch, Buttermilch, Datteln, Hülsenfrüchte sowie Gerste-, Hirse- oder Weizenbrot die Grundnahrungsmittel bleiben. *Azenbu* ist ein weiterer beliebter Couscous. Und *asida*, ein weißer Maisbrei, ist quasi das tägliche Brot. Mit drei Fingern aus der gemeinsamen Schüssel geholt, wird er in *smen* (Butterschmalz) getunkt und in den Mund geschoben.

KÜCHE DER WÄLDER

Die Wälder Marokkos – im Rif- und Atlasgebirge und in der Souss-Region – boten den Berbern seit Jahrtausenden eine wichtige Nahrungsquelle. Bis heute ergänzen ihre Früchte die marokkanische Küche um eine weitere Dimension, indem sie – neben den schon früh eingeführten Maulbeeren

Eine Wohnanlage mit Blick auf den Atlantik. Eine Frau am Fenster. Geschnitzte Fische. Ein Händler schiebt seine Wagen nach Hause, seine Minze ist verkauft. Möchte jemand gedünstete Schnecken? Ein wertvoller Fang – ein Krebs. Südöstlich von Essaouira knackt eine Frau Argannüsse. Ein alter Schutzwall in Essaouira – Kontrast zur Moderne. Kamele warten auf ihre Treiber. Dattelpalmen gedeihen in Oasen.

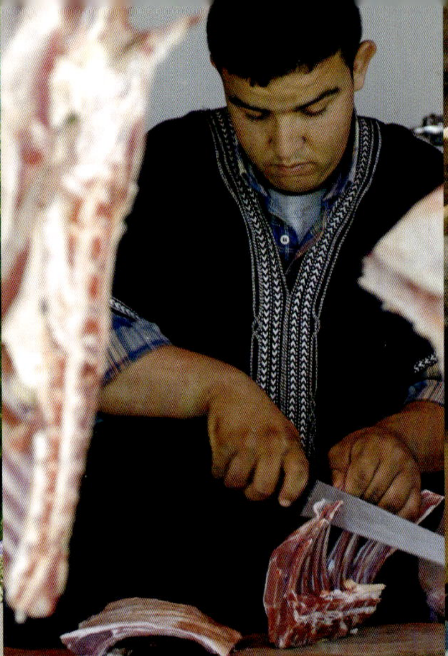

Impressionen vom Lebensmittel-Souk: saftige Wassermelonen; Lammkoteletts schneiden; Broteinkauf; getrocknete Aprikosen; Gewürzpyramiden sowie Rosen- und Orangenblütenwasser. Der Geflügelhändler mit geschlachteten und noch lebenden Hühnern. Das tägliche Brot wird geformt. Gekochter Couscous wird zerrieben. Gemüse vor der Weiterverarbeitung.

– Eicheln, Pinienkerne, Karuben, wilde Pfirsiche und Heidelbeeren sowie Wildgemüse und -kräuter liefern.

Das wertvollste Produkt der Wälder ist jedoch Wildhonig. Von unerschrockenen Sammlern geerntet, wird er in ländlichen Souks und Spezialgeschäften verkauft. Einer der berühmtesten Läden befindet sich in der Medina, der Altstadt, von Fes, wo man den Honig sowohl wegen seines köstlichen Geschmacks als auch wegen seiner Heilwirkung verkauft. Von Karuben, Atlaszeder- und Kapernhonig bis zu Orangenblüten-, Safran- und Lavendelhonig ist alles erhältlich. Abgesehen davon wird Honig in den meisten Regionen Marokkos – in 27 000 Stöcken, die jährlich etwa 4500 Tonnen erzeugen – auch auf herkömmliche Art und Weise gewonnen.

Stachlige Birnenfrüchte (Kaktusfeigen), für Nichteinheimische eine echte Plage, wachsen in gemäßigten Regionen wild. Die köstliche Frucht wird im Sommer in den Souks angeboten, die Pflanze dient als natürlicher Zaun. Das kaktusartige Gewächs gedeiht im Flachland, an Hängen und in Tälern.

DIE AUSSTATTUNG DER KÜCHEN

Ländliche Küchen unterscheiden sich beträchtlich von den Küchen in der Stadt, und die Küchen wohlhabender Haushalte heben sich noch einmal ab. Auf dem Land sind die Küchen überaus schlicht, und die Frauen einer Familie produzieren viele Lebensmittel mit einem Minimum an Ausstattung – bestehend aus Hackbrett, Messer, Holzlöffel mit spitzem Ende (zum Rühren oder um ein Huhn aus dem Topf zu heben), einer Reibe zum Salatraspeln, Mörser und Stößel aus Messing zum Zerstoßen von Gewürzen und Mandeln, einem Sieb mit gelochtem Metall- oder Lederboden sowie einer großen flachen Holz- oder Steingutschüssel zum Brotkneten und zur Zubereitung von Couscous. Tajines werden meist auf dem Holzkohlefeuer gegart; die Kohlenpfanne ist aus unglasiertem Ton oder Pressstahl gefertigt.

Das Kochgeschirr umfasst einen *couscoussier* (Couscouskocher), Bratpfannen, große Suppentöpfe sowie kleinere Stielkasserollen aus verzinntem Kupfer, Aluminium oder Edelstahl. Tajines gibt es in unterschiedlichsten Größen. Gewürze werden in Steingefäßen mit Deckeln aufbewahrt. Flechtkörbe nehmen Obst und Gemüse auf, für Brot verwendet man Körbe mit konischem Deckel.

Gas in Flaschen wird, als Brennstoff für tragbare Gasbrenner oder den Gasherd, sowohl auf dem Land als auch in der Stadt häufig verwendet. Den tragbaren Brenner stellt man –

wie die Kohlenpfanne – zum Kochen in eine Ecke auf den Fliesenboden. Die Köchin kniet sich zum Zubereiten und Kochen des Essens auf ein gefaltetes Teppichstück oder aber nimmt auf einen niedrigen Hocker Platz.
Eine Stadtküche ist zwar dem Stil nach westlich gestaltet, jedoch mit marokkanischem Flair, das heißt mit gefliestem Boden, Arbeitsplatten aus Marmor, Schränken und Regalen, einem Herd inklusive Backofen, der gleichfalls mit Gasflaschen befeuert wird, da man Strom als zum Kochen ungeeignet erachtet. Mixer oder *majotte* (Dampfkochtopf) können die Ausstattung vervollständigen, wobei man in Letzterer häufig Tajines gart, um sie anschließend in der Keramik-Tajine zu servieren.

MAROKKANISCH ESSEN

Bei jeder Mahlzeit gilt es, Regeln zu beachten. Die Hände müssen gewaschen sein; in den meisten Häusern tut man dies im Badezimmer, bei offiziellen Anlässen jedoch bringt ein jüngeres Familienmitglied oder ein Diener, sobald die Gäste Platz genommen haben, einen Krug mit warmem Wasser sowie Schüssel und Leinentuch. Die Finger der rechten Hand werden dann über der Schale gewaschen und mit dem Tuch abgetrocknet.

Der Tisch, meist rund, steht häufig in einer Ecke zwischen zwei Bänken. Wenn nötig, stellt man noch Stühle dazu. Eine Tochter des Hauses legt vor jeden Speisenden ein Stück Brot, weiteres wird während der Mahlzeit herumgereicht. Zu Beginn des Essens werden in flachen Schalen Gemüsegerichte und Salate serviert. Das Hauptgericht wird in einer Tajine oder auf einer großen Platte serviert und, für jeden erreichbar, in die Tischmitte gestellt. Man isst mit Daumen und den ersten beiden Fingern der rechten Hand, und zwar immer von der Seite der Platte, die einem zugewandt ist. Mit Brotstücken kann man Fleisch oder Gemüse löffeln, Sauce auftunken oder sich die Finger abwischen, denn Ablecken während der Mahlzeit gehört sich nicht. Zum Essen wird Wasser gereicht.

Fleisch- und Gemüsestücke werden geschickt mit Couscous zu einem Ball gerollt und in den Mund geschoben. Wem es lieber ist, bekommt auch Löffel gereicht. Nach Beendung der Mahlzeit heißt es erneut – diesmal gründlicher – Hände waschen. Zu förmlichen Anlässen kann das Wasser mit Rosenwasser parfümiert sein oder das Duftwasser wird nach dem Abtrocknen mit einem Spezialflakon (*rashasha*) über den Händen zerstäubt. Danach begeben sich die Gäste zu Tee und Gebäck ins Wohnzimmer.

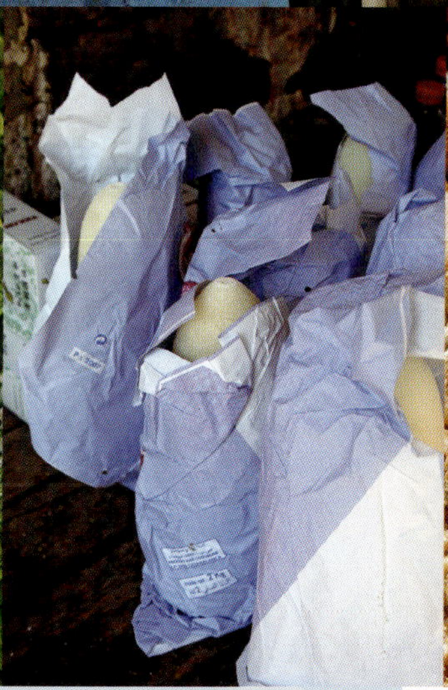

Süße Cantaloupe-Melonen in der Sonne. Sesambrötchen. Das Waschritual. Ein Verkaufsschild für Hähnchen und Tajines. Minztee daheim. Früher wurde Minztee mit Zitronenverbena aromatisiert. In Seidenpapier eingewickelte Zuckerhüte für das Nationalgetränk. Teigschnecken mit Mandelfüllung und andere Gebäckspezialitäten. Junge Männer beim Abkühlen im steinigen Bachlauf.

STREETFOOD

CHORBA BISSARA

DICKE-BOHNEN-SUPPE

Diese Suppe aus getrockneten Bohnen ist ein klassisches Frühstücksgericht – wärmend, sättigend und köstlich. Aus einem großen bauchigen Steinguttopf, unter dem ein Holzkohlenfeuer brennt, wird sie in Schalen geschöpft.

350 g getrocknete, geschälte und gespaltene Dicke Bohnen oder ganze getrocknete Dicke Bohnen
2 Knoblauchzehen, geschält
1 TL Kreuzkümmel
1 TL rosenscharfes Paprikapulver
bestes Olivenöl, Kreuzkümmel und Paprikapulver zum Servieren

FÜR 6 PERSONEN

DICKE BOHNEN in eine große Schüssel geben, mit der dreifachen Wassermenge bedecken und etwa zwölf Stunden an einem kühlen Ort einweichen; vor dem Garen abgießen und waschen. (Bei Verwendung von ganzen Bohnen, diese 48 Stunden an einem kühlen Ort einweichen, wobei man das Wasser 3–4-mal wechselt, dann abgießen und enthäuten.)

DIE BOHNEN in einen großen Suppentopf, am besten einen Edelstahltopf, geben. 1 ¼ l kaltes Wasser, Knoblauch und Gewürze hinzufügen. Zum Kochen bringen und bei schwacher Hitze mit aufgelegtem Deckel 45–60 Minuten köcheln lassen, bis die Bohnen weich sind; zwischendurch nachsehen und gegebenenfalls noch etwas Wasser hinzufügen, wenn die Bohnen zu trocken wirken. Während des Garens weder Salz zugeben noch umrühren.

BOHNEN etwas abkühlen lassen, dann portionsweise im Mixer pürieren oder mit dem Pürierstab direkt im Topf zerkleinern. Noch einmal erhitzen und abschmecken. In Schalen schöpfen und jede Suppenportion mit etwas Olivenöl beträufeln und mit Paprika bestäuben. Olivenöl und kleine Schüsseln mit Kreuzkümmel und Paprika dazustellen, damit jeder nach Geschmack nachwürzen kann. Mit Brot servieren.

Die Dicken Bohnen müssen vor dem Kochen eingeweicht und enthäutet werden. Mit fertigen Bohnen geht's bequemer.

HARIRA

LAMM-KICHERERBSEN-SUPPE

Mit Datteln serviert, ist *harira* – ein beliebtes Garküchengericht – die Suppe, mit der man im Ramadan das Fasten bricht. Im Ramadan gibt man noch Linsen und dünne Reisnudeln (*vermicelli*) dazu, um nach einem langen Fastentag schnell satt zu werden.

500 g entbeinte Lammschulter
2 EL Olivenöl
2 kleine Zwiebeln, gehackt
2 große Knoblauchzehen, zerdrückt
1 ½ TL gemahlener Kreuzkümmel
2 TL rosenscharfes Paprikapulver
1 Lorbeerblatt
2 EL Tomatenmark
1 l Rinderfond
3 Dosen Kichererbsen (à 300 g)
2 Dosen gehackte Tomaten (à 400 g)
3 EL fein gehacktes Koriandergrün
3 EL fein gehackte glatte Petersilie
Meersalz und frisch gemahlener schwarzer Pfeffer
Koriandergrün zum Servieren

FÜR 4 PERSONEN

DAS FLEISCH in kleine Stücke schneiden und überschüssiges Fett und Sehnen entfernen.

OLIVENÖL in einem schweren Topf erhitzen, Zwiebeln und Knoblauch hinzufügen und bei schwacher Hitze in 5 Minuten weich dünsten. Das Fleisch dazugeben, auf mittlere Temperatur reduzieren und rühren, bis das Fleisch zu bräunen beginnt.

KREUZKÜMMEL, Paprika und Lorbeerblatt hinzufügen und garen, bis es duftet. Das Tomatenmark zugeben und 2 Minuten unter ständigem Rühren erhitzen. Den Rinderfond zugießen, gut umrühren und zum Kochen bringen.

DIE KICHERERBSEN abgießen, abspülen und mit Tomaten, gehacktem Koriandergrün und Petersilie zur Suppe geben. Umrühren und aufkochen lassen. Hitze reduzieren und etwa 2 Stunden köcheln lassen, bis das Fleisch zart ist. Gelegentlich umrühren. Mit Meersalz und frisch gemahlenem schwarzem Pfeffer abschmecken. Mit Korianderblättern garnieren.

Zwiebeln und Knoblauch werden bei schwacher Hitze weich und goldgelb gedünstet.

BRIOUAT B'KEFTA

LAMM-FILO-ZIGARREN

Traditionell werden *briouats* aus *warkha*-Teig gemacht und zu Dreiecken gefaltet oder zu Zigarren gerollt. Am Imbissstand sind sie immer frittiert. Hier wird *warkha*- durch Filoteig ersetzt und die Zigarren werden gebacken. Das ist einfacher und auch gesünder.

1 EL Olivenöl
1 kleine Zwiebel, fein gehackt
350 g mageres Lammhack
2 Knoblauchzehen, zerdrückt
2 TL gemahlener Kreuzkümmel
½ TL gemahlener Ingwer
½ TL Paprikapulver
½ TL gemahlener Zimt
1 Prise Safranfäden, in etwas warmem Wasser eingeweicht
1 TL Harissa (s. S. 286) oder nach Geschmack
2 EL gehacktes Koriandergrün
2 EL gehackte glatte Petersilie
1 Ei
8–12 Filoteigblätter
100 g Butter, zerlassen
1 EL Sesamsamen

ERGIBT 12 STÜCK

ÖL in einer großen Pfanne erhitzen, Zwiebel hinzufügen und in 5 Minuten bei schwacher Hitze weich dünsten. Hitze erhöhen, Lammhack und Knoblauch hinzufügen, 5 Minuten garen, dabei eventuelle Klümpchen mit dem Holzlöffel zerteilen. Gewürze, Harissa, Koriandergrün und Petersilie zugeben. Abschmecken und unter Rühren 1 Minute weiterbraten.

DIE LAMMMISCHUNG in ein Sieb geben und das Fett abtropfen lassen. In eine Schüssel füllen und etwas abkühlen lassen. Dann das Ei unterrühren.

ACHT TEIGBLÄTTER abzählen. Mit der Längsseite nach vorne auf ein Brett legen, drei gleich breite Streifen markieren und mit einem scharfen Messer durchschneiden, sodass man etwa 14 cm breite und 30 cm lange Streifen erhält. Aufeinanderlegen und in ein trockenes Tuch schlagen. (Zusätzliche Teigblätter verwenden, falls der Teig kürzer als 38 cm ist.)

EINEN STREIFEN FILOTEIG mit dem schmalen Ende nach vorne auf die Arbeitsfläche legen, mit zerlassener Butter bestreichen. Zweiten Streifen darauflegen. Einen Esslöffel der Füllung 1 cm von unten und den Seitenrändern entfernt daraufsetzen. Teigende über die Füllung falten, Seiten einschlagen und aufrollen. Mit der Naht nach unten auf ein gefettetes Backblech setzen. Wiederholen, bis die Füllung aufgebraucht ist. Mit zerlassener Butter bestreichen und mit Sesam bestreuen.

DEN OFEN auf 180 °C vorheizen. Dies am besten erst tun, wenn die Röllchen fertig sind, damit es in der Küche beim Formen kühl bleibt. In 15 Minuten goldbraun backen und heiß servieren.

Einen Streifen Filoteig mit Butter bestreichen, Füllung daraufsetzen.

Riad

HOTEL

IM SOUK Der Wasserverkäufer (links) gehörte früher zum Souk-Alltag; heute ist er hauptsächlich Fotomotiv für Touristen. Mit seinem breitkrempigen, troddelgeschmückten Hut und den messingverzierten Ledergurten, an denen Ketten, Becher, Klingel und lederner Wasserschlauch baumeln, ist er wahrlich ein »bunter Hund«. Kisten mit verkaufsbereiten lebenden Hühnern – Frische garantiert.

IM SOUK

Wer durch die Souks einer marokkanischen Medina, arabischen Altstadt, spaziert, fühlt sich im Nu ins Mittelalter versetzt. Die Gebäude, das Warenangebot, das Durcheinander von Läden und Ständen, die Lasten tragenden oder Karren ziehenden Esel, die Wasserverkäufer entstammen längst vergangenen Zeiten.

Manche Läden in den Medinagassen sind klein wie große Schränke, andere etwas geräumiger. Zwischen den Ständen mit Frischware entdeckt man mitunter Händler, die – die Messingwaage in Bereitschaft – neben ihren auf einem Tuch ausgebreiteten oder in Körben präsentierten Produkten sitzen. Die Verkäufer von Frischfleisch haben ihren eigenen Bereich im Souk, mit Lamm-, Rind-, Kamel- und Ziegenfleisch im Angebot. Gewürzläden und die mit Minze beladenen Karren der Verkäufer bereichern mit ihrem Duft das Potpourri der Aromen und Gerüche. Der Gestank der eingesperrten Hühner, Kaninchen und Tauben liegt über dem Markt. Die Einkäufer überlegen sehr genau, feilschen um jeden Preis. Die Rufe, das Geschrei der Esel, das Klappern von Karren auf Kopfsteinpflaster – das alles macht den Einkauf im Souk zu einem unvergesslichen Erlebnis.

Frischware gibt es an den Marktständen im Überfluss, von jungen Zucchini (oben links) mit Blüten, die beim Kochen ihr Aroma entfalten, bis zu den roten Zwiebeln (oben Mitte). Drumherum finden sich zuweilen Läden mit verschnörkelten Lampen (unten links) oder Haushaltsbedarf, während der Duft kleiner Gewürzstände die Luft parfümiert. In allem offenbart sich die Vielfalt traditioneller marokkanischer Souks.

Zeit für ein Glas süßen und heißen Minztee mit einem warmen Krapfen – oder einen Kaffee zu einem Gebäckstück – oder ein Glas frisch gepressten Orangensaft mit Orangenblütenwasser.

In Geschäften für Milchprodukte, besser bekannt unter seinem französischen Namen *laiterie* gibt es Milchpudding (*muhalabya*), Ziegenkäse oder Joghurt im Glas, der natur oder sehr süß (nur so mögen ihn die Marokkaner) verkauft wird. Übrigens wird mit den getrockneten Böden der kleinen Wildartischocke (*coque*) ein köstlicher Joghurt namens *raipe* hergestellt – aber nur, wenn die *coques* Saison haben. Im Souk erkennt man meist schon allein am Angebot der Waren, in welcher Jahreszeit man sich gerade befindet.

QUOTBAN

LAMMKEBABS

Dies ist wohl der beliebteste aller marokkanischen Imbisse. Kleine Fettwürfel werden zwischen das Fleisch gesteckt, damit die Kebabs beim Grillen über dem Holzkohlefeuer saftig bleiben. Das Öl in der Marinade unten erfüllt den gleichen Zweck.

750 g entbeinte Lammkeule
1 Zwiebel, gerieben
1 TL Paprikapulver
1 TL gemahlener Kreuzkümmel
2 EL fein gehackte glatte Petersilie
3 EL Olivenöl
frisch gemahlener schwarzer Pfeffer
1 rundes marokkanisches Brot (s. S. 56) oder Pitabrote zum Servieren

HARISSA-TOMATENSAUCE
2 Tomaten
½ Zwiebel, gerieben
1 EL Olivenöl
1 TL Harissa (s. S. 286) oder nach Geschmack (ersatzweise 1 Prise Cayennepfeffer)
½ TL Zucker
½ TL Salz

FÜR 4 PERSONEN

ACHT HOLZSPIESSE 2 Stunden in Wasser einweichen oder Metallspieße verwenden.

DAS FLEISCH nicht von Fett befreien, in 3 cm große Würfel schneiden und in eine Schüssel geben. Zwiebel, Paprika, Kreuzkümmel, Petersilie, Olivenöl und reichlich frisch gemahlenen schwarzen Pfeffer zugeben. Wenden, bis das Fleisch gut mit der Marinade überzogen ist. Abdecken und mindestens 2 Stunden im Kühlschrank durchziehen lassen.

FÜR DIE HARISSA-TOMATENSAUCE Tomaten quer halbieren und Samen herausdrücken. In eine Schüssel raspeln, und die Häute wegwerfen. Zwiebel im Olivenöl 2 Minuten anbraten, Harissa oder Cayennepfeffer unterrühren und geriebene Tomaten, Zucker und ½ TL Salz hinzufügen. Abdecken und 10 Minuten köcheln, dann den Deckel abnehmen und nochmals etwa 4 Minuten köcheln, bis die Sauce dick und sämig wird. Alles in eine Schüssel gießen.

DIE LAMMWÜRFEL auf die Spieße stecken, dabei etwas Platz zwischen den Fleischstücken lassen. Auf einem Elektro- oder Holzkohlegrill bei hoher Temperatur 5–6 Minuten garen; dabei regelmäßig wenden und mit Marinade bepinseln.

MAROKKANISCHES BROT in Viertel schneiden und aufschlitzen. Fleisch in die »Brottasche« füllen und mit etwas Harissa-Tomatensauce beträufeln. Pitabrote nicht öffnen, sondern das Fleisch einfach daraufsetzen, Sauce darüberträufeln und die Seiten hochschlagen.

Für zarte saftige Kebabs wird mariniertes Fleisch auf Spieße gesteckt und gegrillt.

In Marokko formen die Verkäufer die *kefta*-Mischung geschickt um flache Metallspieße. Zu Hause formt man das Fleisch zu Würsten, kühlt es und steckt es vor dem Garen auf Spieße. Darauf achten, dass der Spieß das Fleisch nicht zerreißt.

QUOTBAN DEL KEFTA

KEFTA-KEBABS

Diese leckeren wurstförmigen Kebabs werden von den Verkäufern geschickt in Fladenbrot gefüllt und oft mit einer scharfen Harissa-Tomatensauce (s. S. 33) beträufelt. Man kann sie auch als runde Laibchen grillen.

1 kleine Zwiebel, grob gehackt
2 EL gehackte glatte Petersilie
1 EL gehacktes Koriandergrün
500 g Lamm- oder Rinderhack
1 EL gemahlener Kreuzkümmel
1 TL Paprikapulver
1 Prise Cayennepfeffer
1 Prise frisch gemahlener schwarzer Pfeffer
1 TL Salz
Zitronenspalten und Salatblätter zum Servieren

FÜR 4 PERSONEN

ZWIEBEL, PETERSILIE und Koriander in einen Mixer geben und pürieren. Hackfleisch, Kreuzkümmel, Paprika, Cayennepfeffer, schwarzen Pfeffer und 1 TL Salz hinzufügen. Mixen und gelegentlich das Fleisch von den Schüsselwänden schaben.

DIE MISCHUNG in acht Portionen teilen, mit angefeuchteten Händen jeweils zu einer etwa 9 cm langen Wurst formen. Einen flachen Metallspieß längs durch jede Wurst stechen. Auf ein Blech legen, mit Klarsichtfolie abdecken und 1 Stunde kühl stellen.

AUF EINEM Holzkohle- oder Elektrogrill bei großer Hitze garen und häufig wenden, damit sie gleichmäßig bräunen. Die Kebabs etwa 10 Minuten grillen, bis sie gerade gar sind und sich bei Druck mit der Grillzange fest anfühlen.

DIE KEBABS mit Zitronenspalten und Salatblättern servieren. Nach Belieben Schälchen mit gemahlenem Koriander und Salz zum Nachwürzen dazustellen.

BOULFAF

LEBERKEBABS

Leber wird hoch geschätzt und möglichst frisch serviert. Damit sie saftig bleibt, schieben Verkäufer Lammfett zwischen die Leberwürfel oder hüllen sie in Lammnetz. Die Marinade erfüllt denselben Zweck. Achtung, nicht zu lange garen!

500 g Lammleber am Stück
1 TL Paprikapulver
½ TL gemahlener Kreuzkümmel
1 Prise Cayennepfeffer
1 TL Salz
2 EL Olivenöl
1 rundes marokkanisches Brot (s. S. 56) oder Pitabrote zum Servieren
gemahlener Kreuzkümmel, grobes Salz und Cayennepfeffer oder 60 g Harissa (s. S. 286) zum Servieren

FÜR 4 PERSONEN

ACHT HOLZSPIESSE 2 Stunden in Wasser einweichen oder Metallspieße verwenden.

DIE FEINE HAUT von der Leber abziehen. Leber in 2 cm große Würfel schneiden; dabei alle Adern entfernen. In eine Schüssel geben und mit Paprika, Kreuzkümmel, Cayennepfeffer und 1 TL Salz bestreuen. Olivenöl hinzufügen und gut vermischen. 5 Minuten beiseitestellen.

JEWEILS FÜNF oder sechs Leberstücke auf einen Spieß stecken und etwas Zwischenraum lassen. Auf einem Kugel- oder Elektrogrill grillen und dabei mit dem restlichen Öl aus der Schüssel bepinseln. Von jeder Seite etwa 1 Minute garen, sodass die Leber innen rosa bleibt – andernfalls wird sie zäh.

BEI VERWENDUNG von marokkanischem Brot, dieses vierteln; jedes Stück bis zur Kruste hin aufschlitzen. Leber von zwei Spießen in die Brottasche geben. Bei Verwendung von Pitabrot, dieses nicht aufschneiden; einfach die Leber von den Spießen auf das Brot streifen und Seiten darüberschlagen. Schälchen mit gemahlenem Kreuzkümmel, grobem Salz und Cayennepfeffer zum Nachwürzen auf den Tisch stellen. Bei Verwendung von Harissa, 3 EL heißes Wasser mit Harissa verrühren und als Sauce servieren.

Damit die *merguez*-Würstchen gleichmäßig garen, müssen sie häufig gewendet werden.

MERGUEZ BEL FELFLA WAL BASLA

LAMMWÜRSTCHEN MIT PAPRIKA UND ZWIEBEL

Die würzigen Lammwürstchen des Maghreb, *merguez*, sind viel kleiner als die mitteleuropäischen. Sie messen nur etwa 8 cm – wobei zwei Würste auf einem Stück Brot serviert werden, während eine von den nach westlichem Vorbild hergestellten *merguez* reicht.

8 *merguez*-Würstchen (vom arabischen Metzger)
1 grüne Paprikaschote
1 rote Paprikaschote
1 große Zwiebel
2 EL Olivenöl
Meersalz und frisch gemahlener schwarzer Pfeffer
2 marokkanische Fladenbrote (s. S. 56) oder Pitabrote zum Servieren

FÜR 4 PERSONEN

DIE WÜRSTE mit einer Gabel einstechen, dann auf einem Holzkohlen- oder Elektrogrill bei schwacher bis mittlerer Hitze unter häufigem Wenden in etwa 8–10 Minuten garen.

INZWISCHEN die Paprikaschoten vierteln, Samen und weiße Scheidewände entfernen und in etwa 1 cm breite Streifen schneiden. Die Zwiebel halbieren und in dünne Scheiben schneiden. Olivenöl in einer Pfanne auf dem Grill erhitzen, Paprikastreifen und Zwiebel dazugeben und bei mittlerer Hitze unter häufigem Rühren in etwa 10 Minuten weich dünsten. Falls die Zwiebel zu stark bräunt, die Hitze herunterschalten oder die Pfanne an eine kühlere Stelle des Grills ziehen. Mit Salz und frisch gemahlenem schwarzen Pfeffer würzen.

WERDEN DIE Würste mit marokkanischem Brot serviert, die Fladen vierteln. Würste und reichlich Paprika sowie Zwiebeln in das Brot geben oder im Pitabrot aufrollen. Oder aber die Würste mit dem Gemüse auf Tellern servieren und Brot dazureichen.

HOMUS

HEISSE KICHERERBSEN

Kichererbsen sind überall in Marokko ein Grundnahrungsmittel, mit dem man den Eiweißgehalt von Fleisch-Tajines und Suppen erhöht. Auf der Straße werden sie mit etwas Kreuzkümmel bestreut mit den Fingern gegessen oder aber aus kleinen Schalen gelöffelt.

200 g getrocknete Kichererbsen oder 2 Dosen Kichererbsen (à 400 g)
Meersalz
2 EL Olivenöl
1 Zwiebel, fein gehackt
1 kleine grüne Paprikaschote, gehackt
1 TL gemahlener Kreuzkümmel
2 EL fein gehacktes Koriandergrün
frisch gemahlener schwarzer Pfeffer

FÜR 4–6 PERSONEN

DIE GETROCKNETEN Kichererbsen zunächst über Nacht in der dreifachen Menge kaltem Wasser einweichen. Abtropfen lassen, in einen Topf geben, mit frischem Wasser bedecken und in etwa 1 Stunde weich köcheln lassen. Das Salz erst gegen Ende der Garzeit hinzufügen. Abgießen und etwa 250 ml der Kochflüssigkeit zurückbehalten.

BEI VERWENDUNG von Kichererbsen aus der Dose die Kichererbsen abgießen und etwa 250 ml der Flüssigkeit aufheben.

DAS OLIVENÖL bei mittlerer Hitze in einem Topf erwärmen. Zwiebel hinzufügen und goldbraun braten, dann Paprikaschote, Kreuzkümmel und Koriander dazugeben und kurz mitgaren. Die Kichererbsen samt ihrer Flüssigkeit und frisch gemahlenem schwarzen Pfeffer nach Geschmack hinzufügen. Zum Köcheln bringen, Deckel auflegen und erhitzen, bis alles gut durchwärmt ist.

ABSCHMECKEN und in kleinen Schalen mit Brot servieren.

ARGANA

STREETFOOD Absolute Königin unter den Früchten Marokkos ist die Orange, wie die Saftverkäufer auf allen Großstadtplätzen beweisen. Die Verkäufer ordnen ihre Orangen in engen Reihen und pressen auf Bestellung. An nächtlichen Ständen findet man süße, saftige Orangensalate mit Karotten oder Oliven oder – als erfrischenden Abschluss einer Mahlzeit – auch mit Datteln, Orangenblütenwasser und Zimt gemischt.

STREETFOOD

Am besten kostet man die marokkanische Küche auf der Straße. Vom allgegenwärtigen Kebab bis zu exotisch gedünsteten Schnecken ist hier alles zu haben. Das nächtliche Essen auf der Djemma el Fna in Marrakesch ist ein Abenteuer, dem Musiker, Tänzer und Akrobaten die rechte Würze verleihen.

Orte wie der Hauptplatz von Marrakesch werden hauptsächlich von Touristen oder auswärtigen Besuchern angesteuert. Marokkaner essen lieber zu Hause, um nicht die Gefühle ihrer Frauen oder Mütter zu verletzen, was nicht heißt, dass sie nicht auswärts essen – im Gegenteil. Die meisten Städter beginnen ihren Tag mit einem Frühstück auf der Straße – ob es sich dabei um einen Teller Bohnensuppe (*bissara*), ein oder zwei in Salz und Kreuzkümmel gestippte, gekochte Eier oder einige Stückchen gerösteten Lammkopf mit Brot handelt. Die Krapfen(*sfenj*)-Bäcker frittieren geschickt Hefeteigkringel zu knusprig-goldbrauner Vollkommenheit. Marokkaner verzehren sie ungezuckert zur Frühstückssuppe oder zu süßem Minztee; oder aber sie werden, auf einen Palmwedel gereiht, zum köstlichen Vormittagsimbiss nach Hause getragen.

Gedämpfte Schnecken (oben links), in einer mit Kümmel und anderen Gewürzen aromatisierten Brühe gegart, werden in Schalen geschöpft und mit kleinen Holzstochern serviert; in Küstenstädten ist frittierter Whitebait (Jungfisch, unten links) als Imbiss sehr beliebt; grillfertige Lammkebabs (Mitte); nachts werden an den Ständen viele marokkanische Gerichte – auch Couscous und *bestilla* – verkauft (rechts).

Das Aroma von Grillfleisch auf Holzkohlefeuer erfüllt die Luft und verlockt auch die Einheimischen zum Schlemmen, vor allem von Dingen, die sie zu Hause nicht oder nur selten zubereiten: Kebabs aus Lammfleischwürfeln oder Hackfleisch (*kefta*) mit scharfer Harissa-Sauce oder würzig-pikante Lammwürstchen (*merguez*) in Brot mit Tomaten-Zwiebel-Salat – all das gibt es daheim nur an Festtagen. Sie löffeln eine Schale Lamm-Kichererbsen-Suppe (*harira*), verzehren Datteln dazu oder einen sehr süßen, vor Honig triefenden Teigzopf (*chebakiya*). *Harira* ist die Suppe des Ramadans (des alljährlichen 30-tägigen Fastens von Sonnenauf- bis Sonnenuntergang) und wird in den Häusern nur in dieser wichtigsten Zeit des islamischen Jahres gekocht. Touristen und Reisenden aber bieten die Essensstände eine erste Einführung in die exotische Küche Marokkos.

EL 'ADESS HARRA

GEWÜRZTE LINSEN

Beim Garen von grünen (oder braunen) Linsen fühlt man sich womöglich versucht, sie nach dem ersten Garstadium abzugießen, da die Flüssigkeit eintrübt. Allerdings ginge dadurch wertvolles Vitamin B verloren.

375 g grüne Linsen
2 große reife Tomaten
3 EL Olivenöl
1 Zwiebel, fein gehackt
2 Knoblauchzehen, fein gehackt
1 TL gemahlener Kreuzkümmel
½ TL gemahlener Koriander
½ TL gemahlene Kurkuma
½ TL Paprikapulver
1 Messerspitze Cayennepfeffer
1 rote Paprikaschote, geputzt und gehackt
2 TL Tomatenmark
3 EL gehackte glatte Petersilie
3 EL gehacktes Koriandergrün
Meersalz und frisch gemahlener schwarzer Pfeffer

FÜR 4–6 PERSONEN

LINSEN VERLESEN und in eine Schüssel geben. In kaltem Wasser gründlich waschen, dann in ein Sieb abgießen. In einen großen Topf geben und 1 l Wasser hinzufügen. Zum Kochen bringen, dann die Hitze reduzieren und 30 Minuten köcheln, währenddessen gleichzeitig den entstehenden Schaum abschöpfen.

WÄHREND die Linsen garen, die Tomaten quer halbieren und die Samen herausdrücken. Mit der Raspelseite einer Reibe die Tomatenhälften bis auf die Haut raspeln. Die Reste wegwerfen. Beiseitestellen.

DAS ÖL bei mittlerer Hitze in einer Pfanne erhitzen, Zwiebel hinzufügen und in etwa 5–6 Minuten weich dünsten. Knoblauch und Gewürze dazugeben und unter gelegentlichem Umrühren weiterbraten, bis sie duften. Paprikaschote, geriebene Tomaten, Tomatenmark, Petersilie, Koriander und 250 ml Wasser hinzufügen, gut vermischen und zu den gründlich abgeschöpften Linsen geben. Mit Meersalz und frisch gemahlenem schwarzen Pfeffer abschmecken, Deckel halb auflegen und die Linsen bei schwacher bis mittlerer Hitze in weiteren 25–30 Minuten weich garen. Heiß in Suppenschalen servieren.

Linsen gibt es in allen Tönen, von grün bis beige und braun. Wichtig: beim Kochen von Anfang an den Schaum abschöpfen.

MA'QUODA

FRITTIERTE KARTOFFELKÜCHLEIN

Diese Kartoffelküchlein, die man auf Wochenmärkten in abgelegenen Landstrichen finden kann, sind kinderleicht zuzubereiten. Normalerweise werden die Kartoffeln mit Schale gekocht, aber man kann sie auch schälen, in Stücke schneiden und dann im Topf trocknen.

600 g gekochte Kartoffeln
2 ganze Knoblauchzehen
1 ½ TL gemahlener Kreuzkümmel
½ TL gemahlener Koriander
1 TL Paprika
1 Messerspitze Cayennepfeffer
2 EL fein gehackte glatte Petersilie
2 EL fein gehacktes Koriandergrün
2 kleine Eier
Öl zum Frittieren

ERGIBT 8 KÜCHLEIN

DIE KARTOFFELN schälen, in dicke Scheiben schneiden und in einem Topf mit Wasser bedecken. Knoblauch hinzufügen und das Ganze zum Kochen bringen. In 15–20 Minuten weich kochen, abgießen und auf mittlere Hitze stellen, um sie zu trocknen; Topf gelegentlich schütteln, bis die überschüssige Flüssigkeit verdampft ist. Das weiche Innere der Knoblauchzehen in die Kartoffeln drücken und zerstampfen. Kreuzkümmel, Koriander, Paprika und Cayennepfeffer hinzufügen. Leicht untermischen und abkühlen lassen.

PETERSILIE, Koriandergrün und ein Ei zu der Masse geben und abschmecken. Gut vermischen, aber nicht zu stark zerstampfen. In acht gleich große Portionen teilen. Hände leicht befeuchten und jede Portion zu einem etwa 1,5 cm dicken Küchlein von 8 cm Durchmesser formen und auf ein mit Backpapier ausgelegtes Backblech legen. Das restliche Ei in einem Suppenteller verschlagen.

EINE PFANNE etwa 5 mm hoch mit Öl füllen und auf mittlere bis hohe Hitze stellen. Wenn das Fett heiß ist, die Küchlein nacheinander in das geschlagene Ei tunken, sodass sie ganz davon überzogen sind, und jeweils 2–3 Minuten von jeder Seite frittieren, bis sie goldbraun und heiß sind. Auf Küchenpapier abtropfen lassen und heiß servieren.

Herkömmlicherweise werden für diese Küchlein Pellkartoffeln verwendet. Für die Finger ist es allerdings sehr viel angenehmer, wenn man die Kartoffeln schon vor dem Kochen schält und in Scheiben schneidet. Man trocknet sie, indem man den Topf auf der heißen Platte hin- und herschüttelt. Danach werden sie zerstampft.

SFENJ

KRAPFEN

Krapfenbäcker mit ihren Ölkesseln, die auf Bestellung Teigbällchen frittieren, findet man überall in Marokko. Auf Palmwedel gereiht, werden die frittierten Backwerke heim oder ins Café getragen, wo man sie zu süßem Minztee verspeist.

2 TL Trockenhefe
½ TL Zucker, extrafein
375 g Mehl
½ TL Salz
Zucker oder Zimtzucker zum Servieren (nach Belieben)

ERGIBT 20 STÜCK

HEFE in 125 ml lauwarmem Wasser auflösen und Zucker unterrühren. Mehl und Salz in einer Rührschüssel vermischen und in der Mitte eine Vertiefung machen. Hefemischung und 125 ml lauwarmes Wasser hineingießen. Etwas Mehl unter die Flüssigkeit rühren, sodass ein dünner Teig entsteht; 25 Minuten stehen lassen, bis er Blasen wirft. Nach und nach restliches Mehl unterrühren und glatt kneten. Ist der Teig zu fest, etwas Wasser zugeben. Etwas Öl an die Schüsselwand gießen, die Teigkugel darüberrollen, bis sie mit Öl überzogen ist, abdecken und in 1 Stunde auf doppelte Größe aufgehen lassen.

TEIG KRÄFTIG zusammendrücken und in 20 gleich große Portionen teilen. Hände und zwei Backbleche leicht einölen. Teigportionen zu glatten Kugeln rollen und auf die Bleche setzen. Mit dem Zeigefinger ein Loch in die Mitte des Krapfens drücken, um den Finger kreisen lassen, bis es sich auf 2 cm Durchmesser vergrößert hat. Mit den restlichen Kugeln wiederholen.

EINEN GROSSEN TOPF zu zwei Dritteln mit Öl füllen und auf 190 °C erhitzen. Langen Metallspieß bereithalten und mit den zuerst geformten Krapfen beginnen. Ins Öl geben, den Spieß in die Mitte stoßen und mit kreisender Bewegung herumwirbeln, um das Loch offen zu halten. Etwa 1 ½–2 Minuten backen und wenden, damit der Krapfen gleichmäßig bräunt. Sobald es gut klappt, 2–3 Teigbällchen auf einmal ins Öl geben, und mit dem Spieß das Loch weiten, ehe man den nächsten hinzufügt. Sobald sie gar sind, die Krapfen auf Küchenpapier abtropfen lassen.

Noch warm zu Minztee oder süßem Kaffee verzehren. Nach Belieben in Zucker oder Zimtzucker wälzen – obgleich das in Marokko nicht üblich ist.

Marokkanische Krapfenbäcker haben einen speziell gebogenen Spieß, um das Loch im Krapfen offen zu halten; ein Metallspieß eignet sich dazu genauso gut. Um die Krapfen aus dem Öl zu heben, den Spieß in das Loch schieben.

'ASSEER DEL LITCHINE BIL MA' ZHAAR

ORANGENSAFT MIT ORANGENBLÜTENWASSER

An Straßenständen kündigen die perfekt gestapelten Pyramiden glänzender Orangen den Orangensaftverkäufer an. Normalerweise wird der Saft frisch gepresst, doch sollte man für den ultimativen Geschmack darum bitten, kein Wasser hinzuzufügen.

6 süße Orangen
Zucker nach Geschmack
1 ½ TL Orangenblütenwasser
gemahlener Zimt zum Servieren (nach Belieben)

FÜR 2 PERSONEN

SÜSSE ORANGEN auswählen und in den Kühlschrank legen, damit sie schön kalt werden. Die Orangen auspressen, dann den Saft durch ein Sieb in einen Krug gießen.

ZUCKER nach Geschmack hinzufügen (sind die Orangen sehr süß, ist es vielleicht nicht nötig) und das Orangenblütenwasser dazugeben. In zwei hohe Gläser gießen und nach Belieben leicht mit Zimt bestäuben. Sofort servieren.

HLEEB B'L AVUKA

AVOCADOMILCHGETRÄNK

Dieses köstliche Getränk wird in Straßencafés mit dem Mixer hergestellt. Da es heute in vielen städtischen Haushalten Mixer gibt, genießt man es auch öfter zu Hause. Orangenblütenwasser verleiht ein exotisches Aroma.

1 reife Avocado von etwa 225 g
1 ½ TL Zucker oder nach Geschmack
400 ml gekühlte Milch
½ TL Orangenblütenwasser

FÜR 2 PERSONEN

DIE AVOCADO halbieren, entsteinen und das Fleisch mit einem Löffel herauskratzen und in den Mixer geben. Zucker und gekühlte Milch hinzufügen. Pürieren, bis das Ganze glatt und schaumig ist. Probieren und falls nötig noch Zucker zufügen. Orangenblütenwasser zugeben, kurz mixen und in zwei hohe Gläser gießen. Sofort servieren.

AVOCADOMILCHGETRÄNK

ALLTAGSKÜCHE

KESRA

MAROKKANISCHES BROT

Die erste Arbeit des Tages in einem marokkanischen Haushalt – vor allem auf dem Land – ist das Brotbacken. Da es nur einmal aufgehen muss, ist das schnell getan. Landbrot wird meist aus Vollweizenmehl gebacken, das folgende Rezept ist jedoch leichter.

3 TL Trockenhefe
500 g Hartweizenmehl oder Weizenmehl, vorzugsweise ungebleicht
200 g Vollweizenmehl
1 ½ TL Salz
125 ml lauwarme Milch
2 EL Maismehl
1 EL ganze Anissamen, geröstete Sesamsamen, Schwarzkümmel oder grobes Salz zum Bestreuen

ERGIBT 3 FLADEN

Teigkugeln ausrollen, abdecken, auf dem Blech gehen lassen und vor dem Backen mit einer Gabel einstechen.

HEFE in 125 ml lauwarmem Wasser auflösen. Mehl und 1 ½ TL Salz in eine Rührschüssel sieben und in die Mitte eine Vertiefung drücken. Hefemischung hineingießen, dann 250 ml lauwarmes Wasser und die Milch hinzufügen. Gerade so viel Mehl unter die Flüssigkeit rühren, dass ein dünner Teig entsteht, Schüssel mit einem Tuch abdecken und 15 Minuten beiseitestellen, bis der Teig Blasen wirft.

NACH UND NACH restliches Mehl unterrühren, mit den Händen einen weichen Teig formen und, wenn nötig, noch etwas Wasser zugeben. Auf eine leicht bemehlte Arbeitsfläche geben und etwa 10 Minuten kneten, bis ein glatter und elastischer Teig entstanden ist. Sollte der Teig nach einigen Minuten kneten noch klebrig sein, etwas Weizenmehl hinzufügen.

DEN TEIG in drei gleich große Stücke teilen, jeweils zu Kugeln formen und auf leicht bemehlter Arbeitsfläche zu Fladen von etwa 20 oder – für flachere Brote – von 25 cm Durchmesser ausrollen.

DIE BACKBLECHE mit Maismehl bestreuen. Teigfladen auf die Bleche heben und ihre Form, wenn nötig, noch einmal korrigieren. Leicht mit Wasser bepinseln, mit Anis- oder Sesamsamen, Schwarzkümmel oder grobem Salz bestreuen und leicht andrücken. Die Fladen mit sauberen Tüchern abdecken und 1 Stunde an einem warmen, zugfreien Ort aufgehen lassen. Das Brot ist genug aufgegangen, sobald ein leichter Fingereindruck darin erhalten bleibt.

WÄHREND DIE Fladen gehen, Ofen auf 220 °C vorheizen. Unmittelbar vor dem Backen mit einer Gabel einstechen. Backbleche in den heißen Ofen schieben und 12–15 Minuten backen, bis das Brot goldbraun ist und hohl klingt, wenn man auf den Boden klopft. Auf einem Gitter auskühlen lassen. Zum Servieren in Stücke schneiden. Noch am selben Tag verzehren.

BEGHRIR

GRIESSPFANNKUCHEN

Obwohl sie gewöhnlichen Pfannkuchen ähneln, ist der Vergleich eigentlich irreführend. Diese federleichten Pfannkuchen werden aus Mehl und feinstem Grieß gemacht und wollen mit Butter und Honig getränkt werden.

4 TL Trockenhefe
250 g Mehl
250 g feinen Weizengrieß (Weichweizengrieß, Knödelmehl)
½ TL Salz
2 Eier
125 ml lauwarme Milch
Pflanzenöl, zum Fetten der Pfanne
Butter zum Servieren
warmer Honig zum Servieren

ERGIBT 16 PFANNKUCHEN

DIE HEFE in 125 ml lauwarmem Wasser auflösen und 3 TL Mehl unterrühren. Mit einem Tuch abdecken und 15 Minuten an einen warmen Ort stellen, bis der Vorteig zu schäumen beginnt.

RESTLICHES MEHL, Grieß und Salz in eine Schüssel sieben und in die Mitte eine Vertiefung drücken. Eier leicht mit der lauwarmen Milch verschlagen und in die Mehlmischung gießen, dann die Hefemischung und 375 ml lauwarmes Wasser zugeben. Das Mehl langsam unter die Flüssigkeit rühren, von innen nach außen arbeiten und in 5–7 Minuten mit dem Schneebesen glatt schlagen. Der Teig sollte dünnflüssig sein. Die Schüssel mit einem Geschirrtuch abdecken und 1 Stunde an einem warmen Ort aufgehen lassen, bis der Teig schaumig wirkt und sein Volumen verdoppelt hat.

EINEN TOPF zu einem Drittel mit Wasser füllen, zum Köcheln bringen und einen großen feuerfesten Teller daraufsetzen. Ein zweimal gefaltetes Geschirrtuch auf den Teller legen.

EINE SCHWERE Gusseisen- oder Crêpepfanne auf starkem Feuer erhitzen. Auf mittlere Hitze herunterschalten und mit in Öl getunktem Küchenpapier einfetten. Etwa 3 EL Teig hineingießen und rasch zu einem Pfannkuchen von 25 cm Durchmesser glatt streichen. Schnell arbeiten. Backen, bis die Oberseite trocken wirkt und mit Löchlein übersät ist. Wer mag, kann den Pfannkuchen wenden und kurz von der Blasenseite bräunen, obwohl es nicht der Tradition entspricht.

DEN PFANNKUCHEN mit der Blasenseite nach oben in das Geschirrtuch schlagen und auf dem Teller warm halten. Dabei die Pfannkuchen nicht stapeln, sondern eher überlappen lassen. Mit restlichem Teig wiederholen, die Pfanne nach jedem Pfannkuchen fetten. Mit Butter und warmem Honig servieren.

Mit einem Schöpflöffel wird der Teig möglichst glatt verstrichen.

REGHAIF

GEFÜLLTE PIKANTE PFANNKUCHEN

Diese Hefeteigpfannkuchen sind so blättrig, leicht und knusprig, weil sie sorgfältig ausgerollt und gefaltet werden. Das dafür verwendete eingelegte Fleisch (*khli'*) wird hier durch eine würzige *kefta*-Mischung ersetzt.

Als Alternative zur pikanten Fleischfüllung kann man die blätterigen Pfannkuchen auch mit einer süßen buttrigen, mit Zimt gewürzten Mandelpaste füllen.

2 TL Trockenhefe
1 TL Zucker
350 g Mehl
½ TL Salz
Öl zum Formen und Frittieren

kefta-MISCHUNG
80 g *smen* (s. S. 282) oder Butterschmalz
250 g feines Rinderhack
2 EL geriebene Zwiebel
4 Knoblauchzehen, fein gehackt
2 TL gemahlener Kreuzkümmel
2 TL gemahlener Koriander
Meersalz und frisch gemahlener schwarzer Pfeffer

ERGIBT 12 PFANNKUCHEN

DIE HEFE in 125 ml lauwarmem Wasser auflösen, den Zucker unterrühren. Mehl und Salz in eine Schüssel sieben und eine Vertiefung hineindrücken. Hefemischung hineingießen, und 125 ml lauwarmes Wasser hinzufügen. Flüssigkeit mit etwas Mehl zu einem dünnen Teig verrühren, die Schüssel abdecken und 15 Minuten stehen lassen, bis der Teig Blasen wirft. Nach und nach restliches Mehl unterrühren und mit den Händen etwa 10 Minuten zu einem elastischen Teig kneten, dabei eventuell etwas Wasser zufügen, abdecken und 30 Minuten an einem warmen Ort gehen lassen.

FÜR DIE *kefta*-Mischung *smen* oder Butterschmalz in einer Pfanne erhitzen, Rinderhack zugeben und bei starker Hitze bräunen. Hitze herunterschalten, Zwiebel, Knoblauch, Kreuzkümmel sowie Koriander hinzufügen und mit Salz und Pfeffer abschmecken. Unter Rühren 2 Minuten garen, dann 500 ml Wasser zugießen. Abdecken und 30–45 Minuten köcheln, bis das Wasser verdampft und das Fett sich absetzt. In der Küchenmaschine pürieren oder in einem Mörser zerstampfen. Abkühlen lassen.

MIT EINGEÖLTEN Händen den Teig zusammendrücken und in 12 Kugeln teilen. Arbeitsfläche und Nudelholz einölen und eine Teigkugel zu einem Kreis von 18 cm Durchmesser ausrollen. Mit 1 EL der *kefta*-Mischung bestreichen. Seiten überlappend einschlagen, dann Ober- und Unterseite in der Mitte überlappen lassen. Zu einem 9 x 13 cm großen Rechteck ausrollen. Auf ein geöltes Blech legen und aus den restlichen Zutaten weitere Pfannkuchen fertigen.

EINE PFANNE 1 cm hoch mit Öl füllen. Auf starke Hitze stellen und, wenn das Öl fast raucht, auf mittlere Hitze zurückschalten und zwei Pfannkuchen hineingeben. Von jeder Seite 1 Minute backen, bis sie braun, knusprig und gar sind. Heiß servieren.

BREK BE TON

FRITTIERTE THUNFISCHPASTETCHEN

Zum Essen hält man diese Pastete an den Ecken fest und beißt in das Ei, sodass der Dotter in die Thunfischfüllung laufen kann. Hier wird Frühlingsrollenteig verwendet, obwohl *warkha*-Teig in orientalischen Feinkostgeschäften immer häufiger erhältlich ist.

- 2 EL fein gehackte Zwiebel
- 2 TL Olivenöl
- 3 Anchovisfilets, fein gehackt
- 100 g Thunfisch im eigenen Saft
- 2 TL Kapern, abgespült, abgetropft und gehackt
- 2 EL fein gehackte glatte Petersilie
- Olivenöl, zum Frittieren
- 4 Frühlingsrollenteig-Quadrate (21 cm lang) oder *warkha*-Teigscheiben
- 1 Eiweiß, leicht verschlagen
- 4 kleine Eier

FÜR 2 PERSONEN

IN EINER KLEINEN Pfanne die Zwiebel im Olivenöl weich dünsten. Anchovis hinzufügen und unter Rühren garen, bis sie zerfallen. In eine Schüssel geben. Thunfisch gut abtropfen lassen und mit Kapern und Petersilie hinzufügen. Gut vermischen, dabei die Thunfischstücke zerdrücken. Die Masse in der Schüssel in vier Portionen teilen.

DAS ÖL etwa 1 cm hoch in eine große Pfanne gießen und auf mittlere Hitze stellen.

EIN FRÜHLINGSROLLENTEIG-Quadrat auf die Arbeitsfläche legen und die Ränder mit geschlagenem Eiweiß bepinseln. Ein Viertel der Füllung auf eine Ecke des Quadrats setzen, sodass sie bis zur Mitte des Quadrats reicht. Mit dem Löffelrücken eine Vertiefung in die Füllung drücken. Ein Ei hineingleiten lassen. Den Teig vorsichtig zu einem Dreieck klappen und die Ränder fest aufeinanderdrücken.

SOBALD das erste Teigdreieck fertig ist, vorsichtig mit einem breiten Spatel anheben und ins heiße Öl gleiten lassen. Etwa 30 Sekunden von jeder Seite braten; zu Beginn des Frittiervorganges heißes Öl über die Pastete schöpfen. Soll der Dotter fest werden, 50 Sekunden von jeder Seite braten. Wenn die Pastete goldbraun und knusprig ist, mit dem Spatel herausheben und auf Küchenpapier abtropfen lassen. Mit den restlichen Zutaten ebenso verfahren, doch nie alle Pasteten vor dem Frittieren füllen, da die feuchte Füllung den Teig durchweicht.

ENTWEDER auf traditionelle Weise essen, indem man den *brek* an den Ecken festhält, oder aber mit Messer und Gabel.

Beim Füllen und Garen der *breks* sollte man darauf achten, dass das Eigelb intakt bleibt. Wenn nötig, das Ei zunächst in eine Tasse schlagen, und von dort auf die Füllung gleiten lassen.

BEYSSARA

DICKE-BOHNEN-DIP

Für diesen köstlichen Dip werden Dicke Bohnen (Favabohnen) 48 Stunden lang eingeweicht, dann die ledrige Haut entfernt. Zum Glück gibt es in arabischen Lebensmittelgeschäften inzwischen auch getrocknete, enthäutete Dicke Bohnen (siehe Glossar).

175 g getrocknete Dicke Bohnen
2 Knoblauchzehen, zerdrückt
½ TL gemahlener Kreuzkümmel
1 ½ EL Zitronensaft
Meersalz
80 ml Olivenöl
1 kräftige Prise Paprikapulver
2 EL gehackte glatte Petersilie
Fladenbrot zum Servieren

FÜR 6 PERSONEN

DIE GETROCKNETEN Dicken Bohnen in eine große Schüssel geben, mit 750 ml kaltem Wasser bedecken und an einem kühlen Ort einweichen lassen. Bohnen mit Haut 48 Stunden einweichen und dabei einmal das Wasser wechseln. Bereits enthäutete Bohnen 12 Stunden einweichen.

BOHNEN ABGIESSEN. Gegebenenfalls die Häute entfernen. Dazu die Häute mit der Messerspitze anritzen und die Bohnen herausdrücken.

BOHNEN mit Wasser bedeckt zum Kochen bringen. Deckel auflegen und in etwa 1 Stunde bei geringer Hitze weich köcheln (kocht das Wasser über, den Deckel etwas öffnen). Nach 1 Stunde den Deckel abnehmen und weitere 15 Minuten garen, bis die meiste Flüssigkeit verdampft ist; darauf achten, dass die Bohnen nicht anbrennen.

BOHNEN pürieren, Knoblauch, Kreuzkümmel und Zitronensaft unterrühren. Mit Salz abschmecken. Nach und nach Olivenöl zugeben – zunächst die Hälfte –, bis man ein Püree erhält. Beim Abkühlen wird es fester; durch Unterrühren von etwas warmem Wasser wird es wieder geschmeidiger.

PÜREE auf eine Platte streichen, mit Paprikapulver und Petersilie bestreuen. Dazu Fladenbrot reichen.

BOUDENJAL MAQLI

GEBRATENES AUBERGINENCONFIT

Für dieses Gericht Auberginen wählen, die schwer sind für ihre Größe. Dann sind sie noch nicht überreif und schmecken besser. Wenn man die Früchte im richtigen Reifestadium kauft, kann man sich das Salzen ersparen, das den Früchten den bitteren Saft entzieht.

2 Auberginen à 400 g, in 1 cm dicke Scheiben geschnitten
Salz
Olivenöl zum Braten
2 Knoblauchzehen, zerdrückt
1 TL Paprika
1 ½ TL gemahlener Kreuzkümmel
2 EL gehacktes Koriandergrün
½ TL Zucker
1 EL Zitronensaft
frisch gemahlener schwarzer Pfeffer
Pitabrot zum Servieren

FÜR 6–8 PERSONEN

DIE AUBERGINENSCHEIBEN mit Salz bestreuen und 30 Minuten in einem Sieb abtropfen lassen. Gründlich abspülen, leicht ausdrücken und trocken tupfen. Öl etwa 5 mm hoch in eine große Pfanne gießen, bei mittlerer Temperatur erhitzen und Auberginen portionsweise von beiden Seiten goldbraun braten. Auf Küchenpapier abtropfen lassen, dann fein hacken.

DIE AUBERGINEN in ein Sieb schütten und stehen lassen, bis der Großteil des Öls abgetropft ist, dann in eine Schüssel geben und Knoblauch, Paprika, Kreuzkümmel, Koriander und Zucker hinzufügen.

PFANNE AUSWISCHEN, Auberginenmischung hineingeben und 2 Minuten bei mittlerer Hitze fortwährend rühren. In eine Schüssel geben, Zitronensaft unterrühren und mit Salz und Pfeffer würzen. Bei Raumtemperatur servieren. Mit Brot als Dip servieren oder aber gemeinsam mit anderen Pürees und Salaten als Vorspeise.

Auberginen wurden von den Arabern über das maurische Spanien in Marokko eingeführt und gehören seit Jahrhunderten zu seiner Küche. Dieses gebratene Püree ist nur eine von vielen Zubereitungsarten.

GEWÜRZ-SOUKS König aller Gewürze ist der kostbare Safran (unten links). Manche Geschäfte bieten mehr als nur Gewürze und Kräuter; sie haben auch knorrige Wurzeln, Beeren und diverse getrocknete Pflanzen im Angebot, die der Apotheker (Mitte) – je nach Leiden seines Kunden – fachmännisch mahlt und mischt. In Körben werden Gewürze und Trockenkräuter auf den Märkten präsentiert (oben Mitte).

GEWÜRZE

Schon seit Jahrhunderten handelten die Araber mit Gewürzen, als sie im späten 7. Jahrhundert nach Nordafrika kamen. Über das maurische Spanien gelangten die Gewürze nach Marokko und bereicherten die Berberküche. Von der Würzkunst marokkanischer Köche lebt diese einzigartige Küche.

In den Gewürz-Souks sind die gemahlenen Gewürze – in Rot-, Gelb- und allen Brauntönen – in Körben, Eimern oder Schüsseln aufgehäuft. Ganze Gewürze – Kassiarinde und Zimtstangen, Muskatnüsse, grüne Kardamomkapseln und Süßholz, Mastixtränen, Gummi arabicum, getrocknete Chilischoten und duftende Rosenknospen – kontrastieren mit den Pyramiden der gemahlenen Gewürze. Die acht wichtigsten Gewürze der marokkanischen Küche sind Zimt, Kreuzkümmel, Safran (der in kleinen durchsichtigen Plastikbehältern verkauft wird, damit er frisch bleibt), Paprika, Kurkuma, schwarzer Pfeffer, *felfla soudaniya* (ähnlich dem Cayennepfeffer) und Ingwer (nur der getrocknete wird verwendet). Daneben gibt es Gewürznelken, Pimentbeeren, Lorbeerblätter, Kreuzkümmel und Koriandersamen, Bockshornklee-, Anis- und Senfsamen. Doch so verführerisch

Getrocknete Rosenknospen (oben links) werden im Mörser zermahlen, um Tajines Aroma zu verleihen, oder vom Gewürzhändler gemahlen und in sein *ras el hanout* gemischt. Auch das beliebte Orangenblüten- und Rosenwasser (unten Mitte) ist im Gewürzladen erhältlich. Das verblüffende Spektakel der jeden Tag mit unendlicher Sorgfalt geformten Kegel belegt die Bedeutung der Gewürze in der marokkanischen Küche.

die Aromen auch sein mögen, marokkanische Köche kaufen um der Frische willen stets nur kleine Mengen, die sie in Steingutgefäßen aufbewahren.

Jeder Gewürzladen hat seinen eigenen *ras el hanout*, was frei übersetzt so viel wie »Mischung des Ladenbesitzers« heißt. Er kann je nach Geschick des Inhabers bis zu 25 verschiedene gemahlene Gewürze und getrocknete Kräuter enthalten; darunter etwa schwarzen Pfeffer, Lavendel, Thymian, Rosmarin, Ingwer, Muskatnuss, Kardamom, Nelken, Zimt, Bockshornklee und Paradieskörner (Guineapfeffer). Daneben können auch Veilchenwurzel, Kubebenpfeffer, Belladonna, Rosenknospen und andere Zutaten untergemischt sein, viele davon sind außerhalb Marokkos gar nicht erhältlich.

MATISHA MAASLA

SÜSSES TOMATENCONFIT

Dieses Tomatenconfit schmeckt fantastisch! Es lohnt sich, frische Tomaten zu verwenden und sie auf marokkanische Art zuzubereiten; man kann sie bei Zeitmangel aber auch durch 2 Dosen Tomaten (à 400 g) ersetzen.

Die marokkanische Art, geschälte und entkernte Tomaten zuzubereiten, ist durchaus nachahmenswert. Tomaten quer halbieren, Samen herausdrücken, dann raspeln – das ist kinderleicht! Der Geschmack lohnt die Mühe.

1,5 kg reife Tomaten
3 EL Olivenöl
2 Zwiebeln
2 Knoblauchzehen, zerdrückt
1 TL gemahlener Ingwer
1 Zimtstange
1 Prise frisch gemahlener schwarzer Pfeffer
1 Prise gemahlene Safranfäden (nach Belieben)
3 EL Tomatenmark
½ TL Salz
2 EL Honig
1 ½ TL gemahlener Zimt

ERGIBT ETWA 600 ML

DIE TOMATEN quer halbieren, dann die Samen herauspressen. Tomaten bis auf die Haut grob in eine Schüssel raspeln; Haut wegwerfen. Beiseitestellen.

DAS OLIVENÖL bei niedriger Hitze in einem schweren Topf erhitzen. Die Zwiebel hinzufügen, 5 Minuten anschwitzen, dann Knoblauch, Ingwer, Zimtstange und Pfeffer hinzufügen und etwa 1 Minute weiterbraten. Den Safran (falls man ihn verwendet), Tomatenmark und die geraspelten Tomaten zugeben und mit ½ TL Salz abschmecken.

BEI MITTLERER HITZE ohne Deckel etwa 45–50 Minuten köcheln, bis der Großteil der Flüssigkeit verdampft ist; dabei während des Ein-dickens häufig rühren, damit die Sauce nicht anbrennt. Sobald das Öl sich abzusetzen beginnt, Honig und gemahlenen Zimt unterrühren und bei schwacher Hitze 2 Minuten köcheln. Gegebenenfalls mit Salz abschmecken.

ZUSAMMEN MIT anderen Vorspeisen und Brot auf traditionell marokkanische Weise zu Beginn der Mahlzeit servieren. In Marokko bildet dieses Confit auch die Grundlage für einige Tajines (Lamm-Tajine mit süßem Tomatenconfit, s. S. 112) oder eine Füllung für Fisch. Im Kühlschrank hält es sich in einem sauberen, verschlossenen Glas bis zu einer Woche.

TAJINE OUMLIT BIL MATISHA

TAJINE-OMELETT MIT TOMATEN

Ein typisches Gericht des Mittleren Atlas, das gewöhnlich in der Tajine gegart wird. Die Tomaten verleihen ihm Geschmack. Das Originalrezept verlangt reife Tomaten, die entkernt und gehackt werden müssen. Tomaten aus der Dose sind jedoch ebenfalls gut geeignet.

- 2 EL Olivenöl
- 1 weiße Zwiebel, fein gehackt
- 1 TL gemahlener Koriander
- 1 TL Paprikapulver
- 1 Prise Cayennepfeffer
- 2 Dosen gehackte Tomaten (à 400 g)
- 3 EL gehackte glatte Petersilie
- 3 EL gehacktes Koriandergrün, zusätzlich etwas zum Servieren
- Meersalz und frisch gemahlener schwarzer Pfeffer
- 8 Eier

FÜR 4 PERSONEN

EINE BESCHICHTETE PFANNE von 25–28 cm Durchmesser mit Deckel verwenden. Öl hineingeben, Zwiebel bei mittlerer Hitze in etwa 5 Minuten glasig braten. Gemahlenen Koriander, Paprika und Cayennepfeffer dazurühren und weitere 2 Minuten braten. Tomaten mit Flüssigkeit und Petersilie und Koriandergrün zugeben. Auf mittlere Hitze reduzieren, mit Meersalz und frisch gemahlenem schwarzem Pfeffer abschmecken und ohne Deckel etwa 10 Minuten köcheln, bis die Sauce eindickt.

DIE EIER in eine Schüssel schlagen und 2 EL Wasser hinzufügen. Abschmecken und mit der Gabel leicht verschlagen. Ei über den Rücken eines Löffels gießen, sodass es die Sauce gleichmäßig bedeckt. Deckel auflegen und bei mittlerer Hitze 25 Minuten garen, bis das Ei gestockt und etwas aufgegangen ist. Mit frischem Koriandergrün bestreuen und sofort servieren. Brot dazu reichen.

IN DER TAJINE garen: Die Tomatensauce in Pfanne oder Topf zubereiten. Bleche aus dem Ofen nehmen, nur das untere Gitter an Ort und Stelle lassen. Den Ofen auf 180 °C vorheizen. Warme Sauce in die Tajine geben, abdecken und 10 Minuten zum Erhitzen in den Ofen stellen. Tajine aus dem Ofen nehmen, sofort die geschlagenen Eier über die Sauce gießen, Deckel aufsetzen und erneut 5–8 Minuten in den Ofen stellen, bis das Omelett aufgegangen und gestockt ist.

Die Tomatensauce köcheln, bis sie eingedickt ist. Die leicht verschlagenen Eier über den Rücken eines Suppenlöffels gießen, sodass sie die Sauce gleichmäßig bedecken.

CHORBA DJEJ BIL KSEKSOU

HÜHNERSUPPE MIT COUSCOUS

Ein ganzes Suppenhuhn in acht Stücke schneiden oder gleich Hähnchenteile nehmen. Nach dem Kochen soll das Huhn so zart sein, dass das Fleisch von den Knochen fällt.

Die Haut schon vor dem Kochen entfernen, das ist viel leichter als später beim bereits gegarten Huhn.

1 Suppenhuhn à 1,5 kg
2 EL Olivenöl
2 Zwiebeln, fein gehackt
½ TL gemahlener Kreuzkümmel
½ TL Paprikapulver
½ TL Harissa (s. S. 286) oder nach Geschmack oder
1 Prise Cayennepfeffer
2 Tomaten
1 EL Tomatenmark
1 TL Zucker
1 Zimtstange
1 TL Meersalz
frisch gemahlener schwarzer Pfeffer
100 g Couscous
2 EL fein gehackte glatte Petersilie
1 EL fein gehacktes Koriandergrün
2 TL gehackte frische Minze
Zitronen, in Spalten geschnitten, zum Servieren

FÜR 4–6 PERSONEN

HUHN UNTER fließendem kaltem Wasser abspülen und abtropfen lassen. In acht Teile zerlegen: Dazu zuerst beide Beine und dann das Gelenk zwischen Keule und Unterschenkel durchtrennen, an beiden Seiten des Rückgrats entlangschneiden und den Knochen herauslösen. Huhn wenden und Brustbein durchschneiden. Jede Brust halbieren, und Flügel an der oberen Hälfte lassen. Haut abziehen.

DAS OLIVENÖL in einem großen Topf erhitzen, Huhn hineingeben und bei starker Hitze 2–3 Minuten unter ständigen Rühren anbraten. Auf mittlere Hitze zurückschalten, Zwiebel hinzufügen und in etwa 5 Minuten glasig schwitzen. Kreuzkümmel, Paprika sowie Harissa oder Cayennepfeffer einrühren. Dann 1 l Wasser zugießen und zum Kochen bringen.

DIE TOMATEN quer halbieren und die Samen herausdrücken. Tomaten bis auf die Haut in einen Teller raspeln; Haut wegwerfen. Geraspelte Tomate mit Tomatenmark, Zucker, Zimtstange, 1 TL Salz und etwas frisch gemahlenem Pfeffer in den Topf geben. Zum Kochen bringen, auf schwache Hitze herunterschalten, Deckel auflegen und das Huhn in etwa 1 Stunde sehr weich köcheln.

HUHN MIT einem Schaumlöffel in eine Schüssel heben. Sobald es genügend abgekühlt ist, entbeinen und das Fleisch in Streifen zupfen. Mit weiteren 500 ml Wasser in den Topf zurückgeben und erneut zum Kochen bringen. Während die Suppe kocht, nach und nach den Couscous unter ständigem Rühren einrieseln lassen. Hitze reduzieren, dann Petersilie, Koriander und Minze unterrühren und ohne Deckel 20 Minuten lang köcheln. Abschmecken und mit Zitronenspalten zum Beträufeln sowie knusprigem Brot servieren.

CHORBA B'KHIZOU BIL KSEKSOU

KAROTTENSUPPE MIT GEWÜRZEN

Als Abendessen kocht man, vor allem auf dem Land, häufig aus allem, was man gerade zur Hand hat, eine Suppe. Der Couscous lässt sich auch durch 50 g Suppennudeln oder zerbröselte, dünne Reisnudeln (*vermicelli*) ersetzen.

500 g Karotten
1 Zwiebel, gerieben
30 g Butter
2 Knoblauchzehen, zerdrückt
½ TL gemahlene Kurkuma
½ TL gemahlener Ingwer
½ TL gemahlener Zimt
½ TL Paprikapulver
½ TL gemahlener Kreuzkümmel
1 Prise Cayennepfeffer
1,25 l Hühnerfond
50 g Couscous
2 TL Zitronensaft
gehackte glatte Petersilie zum Garnieren

FÜR 4 PERSONEN

DIE KAROTTEN auf einer Küchenreibe raspeln. Zwiebeln mit Butter in einen Topf geben und bei mittlerer Hitze 3 Minuten braten.

KNOBLAUCH, Kurkuma, Ingwer, Zimt, Paprika, Kreuzkümmel, Cayennepfeffer und die geraspelten Karotten hinzufügen. Kurz mitbraten, dann mit Hühnerfond aufgießen.

ZUM KOCHEN bringen, Deckel auflegen und 15 Minuten köcheln lassen. Den Couscous hinzufügen, rühren, bis die Suppe aufkocht, dann abdecken und weitere 20 Minuten köcheln. Zitronensaft zugeben und heiß mit etwas gehackter glatter Petersilie bestreut servieren.

KHIZOU HARRA

PIKANTE KAROTTEN

Obwohl dieser Salat meist als Vorspeise gegessen wird, eignet er sich auch wunderbar als Gemüsebeilage. Die Gewürze betonen den Geschmack der Karotten, der Zitronensaft bildet ein Gegengewicht zu ihrer Süße.

500 g Karotten, in 6 cm lange, etwa 1,5 cm dicke Stifte geschnitten
½ TL Paprikapulver
½ TL gemahlener Kreuzkümmel
2 EL fein gehackte glatte Petersilie
1 EL Zitronensaft
2 EL Olivenöl
Meersalz

FÜR 4 PERSONEN

DIE KAROTTEN etwa 10 Minuten in sprudelndem Salzwasser kochen, bis sie weich sind. Abtropfen lassen, mit Paprika, Kreuzkümmel, Petersilie, Zitronensaft und Olivenöl vermengen und mit Salz abschmecken.

IN EINE SERVIERSCHÜSSEL geben, abdecken und 2 Stunden durchziehen lassen. Warm oder bei Raumtemperatur servieren.

PIKANTE KAROTTEN

Handschuhe sind beim Zubereiten von Rote-Bete-Salat ein Muss. Leicht reiben – und Häute und Stiele lösen sich sofort.

SHLADA DEL BARBA BIL KAMOUN

ROTE-BETE-SALAT MIT KREUZKÜMMEL

Einmal zubereitet erfreut sich dieser warme, mit Kreuzkümmel aromatisierte Rote-Bete-Salat großer Beliebtheit. Wird er zu einem marokkanischen Essen serviert, sollte man die Rote-Bete-Knollen lieber würfeln, sodass man sie leicht mit den Fingern essen kann.

6 Rote-Bete-Knollen
80 ml Olivenöl
1 EL Rotweinessig
½ TL gemahlener Kreuzkümmel
frisch gemahlener schwarzer Pfeffer
1 rote Zwiebel
2 EL gehackte glatte Petersilie

FÜR 4–6 PERSONEN

DIE STIELE der Rote-Bete-Knollen bis auf 2 cm abschneiden. Wurzeln nicht beschneiden. Gründlich waschen, um Erde zu entfernen, und in Salzwasser in etwa 1 Stunde weich kochen. Etwas abkühlen lassen.

OLIVENÖL MIT Rotweinessig, Kreuzkümmel und reichlich frisch gemahlenem schwarzem Pfeffer zu einer Vinaigrette verschlagen.

GUMMIHANDSCHUHE anziehen (um Verfärbungen zu vermeiden), warme Rote-Bete-Knollen schälen und Wurzeln abschneiden. Halbieren, in schmale Keile schneiden und in das Dressing geben. Zwiebel halbieren, ebenfalls in schmale Keile schneiden und dazugeben. Petersilie hinzufügen und gut vermischen. Warm oder bei Raumtemperatur servieren.

OKRASCHOTEN MIT TOMATENSAUCE

MARQA BEL BAMIYA

OKRASCHOTEN MIT TOMATENSAUCE

Beim Zubereiten frischer Okraschoten nur die Spitzen der Stiele kappen. Schneidet man in die Okraschote hinein, tritt der schleimige Saft aus. Während des Garens sollte man daher nur ganz vorsichtig rühren oder den Topf schütteln.

3 EL Olivenöl
1 Zwiebel, gehackt
2 Knoblauchzehen, zerdrückt
500 g frische Okraschoten, oder
  1 Dose Okraschoten (à 800 g), abgespült und abgetropft
1 Dose gehackte Tomaten (à 400 g)
2 EL Zucker
3 EL Zitronensaft
3 Handvoll Koriandergrün, fein gehackt

FÜR 4–6 PERSONEN

DAS ÖL in einer großen Pfanne bei mittlerer Temperatur erhitzen, Zwiebel zugeben und in 5 Minuten glasig dünsten. Knoblauch hinzufügen und eine Minute weiterbraten.

FRISCHE OKRASCHOTEN in die Pfanne geben und unter gelegentlichem Rühren 4–5 Minuten sautieren. Tomaten, Zucker und Zitronensaft hinzufügen und abgedeckt 3–4 Minuten köcheln. Koriander (und Okra aus der Dose, falls verwendet) zugeben, abdecken, 5 Minuten köcheln und servieren.

Den harten, geschälten Kürbis in große Stücke schneiden. Sobald die Gemüse halb gar sind, den Hühnerfond zugießen und weitergaren.

KHODRA BIL BARKOUK

GEBACKENE GEMÜSE MIT DÖRRPFLAUMEN

Auch wenn dieses Gericht normalerweise in einer Tajine gegart wird, erhält es beim Backen durch das Karamellisieren von Gemüse und Zwiebeln ein besonderes Aroma, das durch *ras el hanout* noch gesteigert wird. Die Dörrpflaumen liefern eine süßsaure Note.

60 ml Olivenöl
2 rote Zwiebeln, geschält und geviertelt
3 Knoblauchzehen, ungeschält und leicht zerdrückt
2 Karotten, in Scheiben geschnitten
450 g Winterkürbis
450 g orangefarbige Süßkartoffel
1 ½ TL *ras el hanout* (s. S. 286)
1 rote Chilischote, Samen entfernt und in Ringe geschnitten
Meersalz
375 ml leichter Hühnerfond oder Gemüsebrühe
200 g entsteinte Dörrpflaumen
1 EL Honig

FÜR 4 PERSONEN

DAS OLIVENÖL in eine etwa 30 x 40 x 6 cm große feuerfeste Form gießen und Zwiebeln, Knoblauch und Karotten hinzufügen. Gut vermischen. Im auf 200 °C vorgeheizten Ofen 15 Minuten backen.

KÜRBIS und Süßkartoffel schälen und in große Stücke schneiden. Mit *ras el hanout* und Chilischote in die Backform geben. Mit Meersalz abschmecken und gut vermengen.

WEITERE 30 Minuten backen. Den Hühnerfond oder die Gemüsebrühe, Dörrpflaumen und Honig hinzufügen und für weitere 30 Minuten im Ofen garen. Mit gedämpftem Couscous oder als Gemüsebeilage servieren.

Das Schälen von Winterkürbissen kann, vor allem wenn sie sehr hart sind, gefährlich sein. Daher zunächst mit einem schweren Messer den Kürbis in große Stücke teilen, dann die Schnittfläche auf ein Brett legen und die Haut wie hier demonstriert entfernen.

MARAK GAR'A HAMRA WA BATAT HELWA

GESCHMORTER KÜRBIS MIT SÜSSKARTOFFELN

Für dieses Gericht ist ein Kürbis mit festem Fleisch wie Butternusskürbis oder ein anderer Winterkürbis, etwa Hubbard oder Hokkaido, empfehlenswert. Klassische Halloween-Kürbisse (Laternenkürbis) eignen sich nicht, da ihr Fleisch beim Kochen breiig wird.

- 60 g Butter
- 1 große Zwiebel, fein gehackt
- 2 Knoblauchzehen, fein gehackt
- 1 TL gemahlener Ingwer
- 1 TL gemahlene Kurkuma
- 1 Zimtstange
- 1 Prise Cayennepfeffer oder ½ TL Harissa (s. S. 286) oder nach Geschmack
- 500 ml Gemüsebrühe oder Hühnerfond
- 1 Messerspitze gemahlene Safranfäden
- 600 g Winterkürbis, vorzugsweise Butternusskürbis, geschält und gewürfelt
- 500 g orangefarbige Süßkartoffel, geschält und gewürfelt
- 60 g Rosinen
- 1 TL Honig
- Meersalz und frisch gemahlener schwarzer Pfeffer
- Koriandergrün zum Servieren

FÜR 4–6 PERSONEN

BUTTER IN einer großen Pfanne bei schwacher Hitze zerlassen. Zwiebel hinzufügen und unter gelegentlichem Umrühren in 5 Minuten weich dünsten. Knoblauch, Ingwer, Kurkuma, Zimtstange und Cayennepfeffer oder Harissa hinzufügen. Bei schwacher Hitze 1–2 Minuten rühren, bis die Gewürze duften. Brühe oder Fond zugießen, Safran hinzugeben, dann auf mittlere Temperatur erhöhen und zum Kochen bringen.

KÜRBIS, Süßkartoffel, Rosinen und Honig hinzufügen und mit Salz und frisch gemahlenem schwarzem Pfeffer abschmecken. Deckel auflegen und weitere 15 Minuten köcheln, bis die Gemüse weich sind. Zimtstange entfernen, Gemüse in eine Schüssel geben und mit Koriandergrün bestreuen.

SOLCHE GESCHMORTEN Gemüse werden traditionell als heißer oder warmer Gemüsegang nach den Vorspeisen gereicht, können aber auch eine Gemüsebeilage zum Hauptgang bilden und passen etwa hervorragend zu Hähnchen.

SHLADA MATISHA WAL HAMED MARKAD

TOMATENSALAT MIT EINGELEGTER ZITRONE

Im heißen Klima und auf den fruchtbaren Böden Marokkos reifen tiefrote, köstliche Tomaten. Dieser Salat betört den Gaumen durch seine vielfältigen Aromen. Die Marokkaner servieren ihn als Vorspeise oder als Beilage zu Hähnchen oder Lamm.

750 g Tomaten
1 rote Zwiebel
1 eingelegte Zitrone (s. S. 285)
3 EL Olivenöl
1 TL Zitronensaft
½ TL Paprikapulver
Meersalz und frisch gemahlener schwarzer Pfeffer
1 EL fein gehackte glatte Petersilie
2 EL fein gehacktes Koriandergrün

FÜR 4 PERSONEN

DIE TOMATEN schälen: Dazu an der Unterseite kreuzweise einschneiden, 20 Sekunden in eine Schüssel mit kochendem Wasser legen und danach in einer Schüssel mit Eiswasser abschrecken. Herausnehmen und die Haut vom Kreuz her abziehen; sie sollte sich leicht entfernen lassen. Die Tomaten quer halbieren und die Kerne herausdrücken. Tomaten in Würfel schneiden und in eine Schüssel geben.

ZWIEBEL längs halbieren, das Wurzelende heraustrennen, in dünne Scheiben schneiden und ebenfalls in die Schüssel geben.

DIE EINGELEGTE Zitrone vierteln, Fruchtfleisch und Scheidewände entfernen und wegwerfen. Die Schale unter fließendem kaltem Wasser waschen, mit Küchenpapier trocken tupfen und in Streifen schneiden. Zu Tomate und Zwiebel geben.

IN EINER KLEINEN Schüssel Öl, Zitronensaft und Paprika verschlagen, ½ TL Salz und reichlich frisch gemahlenen schwarzen Pfeffer hinzufügen. Das Dressing über den Salat gießen, vermengen, abdecken und 30 Minuten beiseitestellen. Vor dem Servieren Petersilie und Koriander hinzufügen und noch einmal durchheben. Falls der Salat vorab zubereitet wird, die Schüssel abdecken und in den Kühlschrank stellen. Vor dem Untermischen der Kräuter auf Raumtemperatur bringen.

Fruchtfleisch der eingelegten Zitrone entfernen, Schale abspülen, trocken tupfen und in Streifen schneiden.

CHAKCHOUKA

TOMATEN-ZWIEBEL-PAPRIKA-SALAT

Dieser Salat wird in marokkanischen Haushalten oft zum Mittagessen zubereitet. Die marokkanischen Paprikaschoten sind eher länglich und etwas scharf. Eine gute Alternative sind die grünen Spitzpaprika aus türkischen Lebensmittelgeschäften.

Um eine Tomate zu schälen, an der Unterseite kreuzweise einschneiden und in eine Schüssel mit kochendem Wasser geben. Nach 20 Sekunden in Eiswasser abschrecken, dann die Haut abziehen und den Stiel entfernen. Zum Entkernen quer halbieren und die Samen herausdrücken.

2 grüne Paprikaschoten
4 Strauchtomaten
1 rote Zwiebel
1 Knoblauchzehe, fein gehackt
2 EL fein gehackte glatte Petersilie
80 ml Olivenöl
1 EL Rotweinessig
½ TL Salz
frisch gemahlener schwarzer Pfeffer

FÜR 4 PERSONEN

DIE PAPRIKASCHOTEN in große flache Stücke schneiden und Samen und weiße Scheidewände entfernen. Die Stücke mit der Haut nach oben im Backofen grillen, bis die Haut geschwärzt ist. Wenden und 2–3 Minuten von der anderen Seite rösten. Gegarte Paprikaschoten in eine Plastiktüte geben, Tütenöffnung unterschlagen und in der Tüte dampfen lassen, bis die Paprika genügend abgekühlt sind. Die versengte Haut abziehen und das Fleisch in kurze Streifen schneiden. In eine Schüssel geben.

DIE TOMATEN schälen: Dazu an der Unterseite kreuzweise einritzen, 20 Sekunden in eine Schüssel mit kochendem Wasser geben und in einer Schale mit Eiswasser abschrecken. Herausnehmen und die Haut abziehen – sie sollte sich leicht lösen. Die Tomaten quer halbieren und Samen herausdrücken. Die Zwiebel längs halbieren, die Wurzel heraustrennen, in dünne Keile schneiden. Zusammen mit Knoblauch und Petersilie in die Schüssel geben.

OLIVENÖL mit dem Rotweinessig verschlagen und Salz und reichlich frisch gemahlenen schwarzen Pfeffer hinzufügen. Das Dressing über die Salatzutaten gießen und gut vermengen.

SHLADA FEKKOUS WA ZITOUN

GURKEN-OLIVEN-SALAT

4 kleine Gurken
½ TL Salz
1 rote Zwiebel
3 TL Zucker
1 EL Rotweinessig
3 EL Olivenöl
½ TL fein zerbröselter getrockneter *za'tar* (wilder Thymian) oder 1 TL fein gehackter Zitronenthymian
frisch gemahlener schwarzer Pfeffer
100 g schwarze Oliven
arabisches Brot zum Servieren

FÜR 4 PERSONEN

DIE GURKEN waschen und mit Küchenpapier abtrocknen. Falls die Haut zart ist, Gurken nicht schälen. Grob raspeln, die Raspel mit ½ TL Salz vermischen und in einem Sieb gründlich abtropfen lassen.

ZWIEBEL HALBIEREN und fein hacken. Mit dem Zucker zu den Gurken geben und vermengen.

IN EINER KLEINEN Schüssel Rotweinessig und Olivenöl verrühren, *za'tar* und frisch gemahlenen schwarzen Pfeffer nach Geschmack hinzufügen. Zutaten verschlagen und über die Gurken gießen. Abdecken und 15 Minuten kühl stellen. Mit Oliven bestreuen und mit arabischem Brot servieren.

Orangenfilets aus der Haut herausheben. Radieschen auf einem Gemüsehobel schneiden.

SHLADA 'L LITCHINE WAL FEGEL

ORANGEN-RADIESCHEN-SALAT

3 süße Orangen
12 Radieschen
1 EL Zitronensaft
2 TL Zucker
2 EL Olivenöl
Meersalz
1 EL Orangenblütenwasser
gemahlener Zimt zum Servieren
kleine Minzeblättchen zum Servieren

FÜR 4 PERSONEN

MIT EINEM scharfen Messer die Orange schälen, dabei die weiße Schale restlos entfernen und die äußeren Häutchen durchstechen, um das Fruchtfleisch freizulegen. Mit einem scharfen Messer zwischen die Häute fahren und die Fruchtfilets herauslösen. Die Orangen dabei über eine Schale halten, um den Saft aufzufangen. Kerne entfernen, dann die Spalten in die Schüssel geben. Die Orangenreste in die Schüssel ausdrücken.

DIE ORANGENSPALTEN abtropfen lassen, Saft aufbewahren, und abgetropfte Orange in die Schüssel zurückgeben. Den Saft beiseitestellen.

RADIESCHEN WASCHEN und Wurzeln abschneiden. Mit einem Gemüsehobel in feine Scheiben schneiden. Zu den Orangenspalten geben.

IN EINER KLEINEN SCHÜSSEL 2 EL des aufgehobenen Orangensafts mit Zitronensaft, Zucker, Olivenöl und 1 Prise Salz verschlagen und über den Salat geben. Mit Orangenblütenwasser beträufeln, vermengen, abdecken und 15 Minuten kühlen. In eine Servierschüssel geben und mit Zimt und Minzeblättchen bestreuen.

ORANGEN-RADIESCHEN-SALAT

GURKEN-OLIVEN-SALAT

DER STOFF DES LEBENS Viele traditionelle jüdisch-marokkanische Speisen, wie etwa das *khobz chaghir*, ein großes Brötchen aus Weißmehl, das mit Sesamsamen umhüllt ist (links), haben in Marokko überdauert; Fladenbrot, *khobz*, aus ungebleichtem Mehl in der Auslage einer Bäckerei (rechts); Landbrot, *kesra* oder *matoula,* ist ein Mischbrot, dessen Inhalt von Region zu Region variiert.

BROT

Für den Marokkaner ist Brot (*khobz*) etwas Heiliges, das geehrt, gewürdigt und niemals weggeworfen werden darf. Am Familientisch kümmert sich stets eine Person, meist die Hausfrau oder eine Tochter, um die Verteilung des Brots.

Eine der ersten Arbeiten in den meisten marokkanischen Haushalten und vor allem auf dem Land ist das Kneten des Teigs fürs tägliche Brot. Es ist ein schlichtes Brot aus Vollweizenmehl, das man mit ungebleichtem Mehl und vielleicht einer Handvoll Mais- oder Gerstenmehl vermischt. Oft wird es mit Kümmel-, Anis- oder Schwarzkümmelsamen gewürzt oder auch bestreut. Nur Wasser, etwas Salz und Zucker kommen in den Teig, der mit einem Rest Sauerteig vom Vortag angesetzt wird, den man heute allerdings häufig auch durch Trockenhefe ersetzt. Nach dem Kneten formt man ihn zu flachen runden Laiben, setzt sie auf mit Maismehl oder Grieß bestreute Bleche, deckt ein Tuch darüber, um ihn einmal aufgehen zu lassen. Die Laibe werden mit dem Familienzeichen markiert und mit einer Gabel eingestochen – damit man weiß, wem sie gehören. Obwohl der Bäcker kaum auf die Markierung achtet, da er sowieso weiß, welches Blech welcher Kundin gehört.

Diese flachen Laibe haben eine lockere Kruste, die Sauce aufnehmen kann, aber dennoch fest genug ist, um damit Essen mit den Fingern zum Mund zu führen, sodass das Brot Gabel und Löffel ersetzen kann.

Zur Herstellung des Landbrots, *khobz makli*, siebt eine Frau Weißmehl in ihre Schüssel. Dann schiebt sie es beiseite, um Hefe, Salz und Zucker zuzugeben sowie etwas lauwarmes Wasser zum Auflösen der Hefe. Nach und nach werden Mehl und auch noch etwas Wasser eingearbeitet. Der Teig wird 10–15 Minuten geknetet, bis er glatt und elastisch ist, danach formt man ihn zu vier Kugeln, die man abge-

Baguette, Erbe der Franzosen (links in einer Bäckerei), ist fast ebenso beliebt wie *khobz*. In den Städten ist es fast so gefragt wie zur französischen Kolonialzeit, und in Cafés werden Baguette-Sandwiches an Touristen verkauft. Kleinere *khobz*-Fladen (rechts) werden an Kebabständen als Tasche für Kebab und anderes Grillfleisch verkauft.

DAS BROT DES BLED

Khobz makli (siehe unten) wird häufig zu einer Art Kuchen verarbeitet, den man einfach *makli* nennt. Kleine Teigkugeln werden dünn ausgerollt, mit gewürztem Hackfleisch (*kefta*) oder eingelegtem Fleisch (*khli'*) belegt und mit einer zweiten Teigplatte abgedeckt, an den Rändern zusammengedrückt und gebacken. Es gibt auch *reghaif* (s. S. 60), das man als Pfannkuchen betrachtet, aber eigentlich ein blättriges, mit *khli'* oder Mandelpaste gefülltes Brot ist. Die in den Küstenstädten um Casablanca populären süßen Brötchen, *kraiychlet*, werden aus einem buttrigen Eierteig hergestellt und enthalten geröstete Anis- und Sesamsamen; sie sind mit Orangenblütenwasser aromatisiert und werden vor dem Backen mit Sesam bestreut. Ein weiteres Landbrot ist das ungesäuerte *therfist*, das auf einer Steingutkuppel über Asche gegart und mit einer schaumigen Masse aus zerstoßenem Bockshornklee und Wasser bestrichen wird. Auf heißen Steinen backen die nomadischen Tuareg ihr Fladenbrot *tagella*.

deckt aufgehen lässt, bis sie sich verdoppelt haben. Jede Scheibe wird dünn ausgewalkt. Eine runde Tonform (*makli*) wird über dem offenen Feuer erhitzt und der Teig hineingelegt, bis er auf beiden Seiten gebräunt und gar ist. Oft wird das Brot warm mit Butter und Honig zum Frühstück serviert oder aber in ein Tuch geschlagen und später zum Mittagessen verzehrt.

Für Tajines werden Kichererbsen gewöhnlich enthäutet, sodass sie die Aromen besser aufnehmen können. Dafür eingeweichte, gekochte Kichererbsen oder Kichererbsen aus der Dose in eine Schüssel mit Wasser geben, mit den Händen aufnehmen, aneinanderreiben und die sich lösenden Häute entfernen.

TAJINE BEL HOMMUS

KICHERERBSEN-TAJINE

Für dieses Rezept kann man statt Kichererbsen aus der Dose auch 220 g getrocknete nehmen. Sie müssen über Nacht in kaltem Wasser einweichen und nach dem Abtropfen mit Wasser bedeckt 1–1½ Stunden kochen. Wer mag, kann die Kichererbsen enthäuten.

3 EL Olivenöl
1 Zwiebel, gehackt
1 Knoblauchzehe, fein gehackt
1 TL Harissa (s. S. 286) oder nach Geschmack oder 1 Prise Cayennepfeffer
½ TL gemahlenes Paprikapulver
½ TL gemahlener Ingwer
½ TL gemahlene Kurkuma
½ TL gemahlener Kreuzkümmel
½ TL gemahlener Zimt
1 Dose gehackte Tomaten (à 400 g)
1 TL Zucker
Meersalz und frisch gemahlener schwarzer Pfeffer
2 Dosen Kichererbsen (à 400 g)
3 EL gehackte glatte Petersilie
2 EL gehacktes Koriandergrün

FÜR 4 PERSONEN

OLIVENÖL und Zwiebel in einen großen Topf geben und bei mittlerer Hitze in etwa 7–8 Minuten weich sautieren. Knoblauch, Harissa oder Cayennepfeffer und die Gewürze unterrühren und 2 Minuten braten, bis sie duften. Tomaten und Zucker zufügen und mit Meersalz und frisch gemahlenem schwarzem Pfeffer abschmecken. Abdecken und 20 Minuten köcheln.

INZWISCHEN die Kichererbsen abgießen und in eine große Schüssel mit kaltem Wasser geben, sodass sie davon bedeckt sind. Kichererbsen mit den Händen aufnehmen und aneinanderreiben, um die Häute zu lockern. Mehr Wasser in die Schüssel laufen lassen, gut umrühren; die Häute an die Oberfläche steigen lassen und abschöpfen. Das Ganze wiederholen, bis alle Häute entfernt sind.

DIE KICHERERBSEN erneut abspülen und in die Tomatenmischung geben. Abdecken, 20–25 Minuten köcheln; wenn nötig etwas mehr Wasser hinzufügen. Petersilie und Koriandergrün unterrühren und mit Meersalz und frisch gemahlenem schwarzem Pfeffer abschmecken. Mit knusprigem Brot oder Couscous servieren.

TAJINE 'ADESS BIL GAR'A HAMRA

PIKANTE LINSEN MIT KÜRBIS

Es gibt nur wenige wirklich vegetarische Rezepte in der marokkanischen Küche, und dies ist eines davon. Der erdige Geschmack der Linsen verbindet sich mit der Süße des Kürbisses und beides mit den Aromen der traditionellen Kräuter und Gewürze.

275 g grüne Linsen
2 Tomaten
600 g Winterkürbis, vorzugsweise Butternusskürbis
3 EL Olivenöl
1 Zwiebel, fein gehackt
3 Knoblauchzehen, fein gehackt
½ TL gemahlener Kreuzkümmel
½ TL gemahlene Kurkuma
1 Prise Cayennepfeffer oder 1 TL Harissa (s. S. 286) oder nach Belieben
1 TL Paprikapulver
3 TL Tomatenmark
½ TL Zucker
1 EL fein gehackte glatte Petersilie
2 EL gehacktes Koriandergrün
1 TL Salz
frisch gemahlener schwarzer Pfeffer

FÜR 4–6 PERSONEN

LINSEN VERLESEN, in ein Sieb geben und unter fließendem kaltem Wasser abspülen. In einem Topf mit 1 l kaltem Wasser zum Kochen bringen und aufsteigenden Schaum abschöpfen, dann Deckel auflegen und bei schwacher Hitze 20 Minuten köcheln.

INZWISCHEN DIE TOMATEN quer halbieren, Samen herausdrücken. Grob in eine Schüssel raspeln; die Haut wegwerfen. Geraspelte Tomate beiseitestellen. Kürbis schälen, Samen entfernen, dann in 3 cm große Würfel schneiden. Beiseitestellen.

DAS ÖL in einem großen Topf bei niedriger Temperatur erhitzen und die Zwiebel darin glasig braten. Knoblauch hinzufügen, kurz mitbraten, dann Kreuzkümmel, Kurkuma und Cayennepfeffer oder Harissa einrühren. Kurz garen, danach Paprika, Tomate, Tomatenmark, Zucker, jeweils die Hälfte von Petersilie und Koriander, Salz und frisch gemahlenen schwarzen Pfeffer hinzufügen.

DIE LINSEN und den Kürbis zugeben, gut umrühren, dann Deckel auflegen und beides in etwa 20 Minuten weich köcheln. Abschmecken und in eine Servierschüssel füllen. Mit restlicher Petersilie und Koriandergrün bestreuen und heiß oder warm mit knusprigem Brot servieren.

Dieses Mitglied der Mangoldfamilie ist seit Jahrhunderten im Mittelmeerraum populär; die Kombination mit Reis und Kräutern verrät andalusische Einflüsse.

SILQ BIL ROZZ

MANGOLD MIT REIS

Mangold ist ein im gesamten Mittelmeerraum geschätztes Gemüse. Es gehört zu den Gemüsesorten, die Kinder hassen, Hobbygärtnerinnen aber gerne anpflanzen, weil es wie Unkraut gedeiht. Im Folgenden ein vorzügliches Rezept für die Zubereitung von Mangold.

900 g Mangold
80 ml Olivenöl
1 Zwiebel, gehackt
1 TL Paprikapulver
2 EL gehacktes Koriandergrün
2 EL gehackte glatte Petersilie
110 g Rundkornreis
1 ½ TL Zitronensaft

FÜR 4 PERSONEN

DIE ENDEN der Mangoldstiele abschneiden. Das Gemüse gründlich waschen und die Stiele aus den Blättern schneiden. Stängel in dicke Scheiben schneiden und die Blätter grob hacken.

DAS OLIVENÖL in einem großen Topf erhitzen und die Zwiebel dazugeben. Bei schwacher Hitze in etwa 5 Minuten sautieren.

DIE MANGOLDSTIELE und Paprika hinzufügen und weitere 5 Minuten garen. Die Mangoldblätter, Koriander, Petersilie, Reis und 125 ml Wasser dazugeben. Auf mittlere Hitze schalten und rühren, bis der Mangold zusammenfällt.

TEMPERATUR auf schwache Hitze reduzieren, den Zitronensaft hinzufügen und unterrühren. Deckel auflegen und den Reis in etwa 25 Minuten unter gelegentlichem Umrühren weich garen. Abschmecken und heiß als Gemüsebeilage servieren.

K'DRA DJEJ

HÄHNCHEN MIT ZWIEBELN UND KICHERERBSEN

Eine berberische Zubereitungsmethode für Hähnchen, bei der große Mengen an Kräuter-*smen* (Butterschmalz) und Zwiebeln sowie Kichererbsen und Safran verwendet werden, ist *k'dra*. Hier wurde die Fettmenge reduziert. Und wer mag, kann auch Butter verwenden.

60 g Kräuter-*smen* (s. S. 282) oder Butter
3 Zwiebeln, in dünne Scheiben geschnitten
½ TL gemahlener Ingwer
½ TL frisch gemahlener schwarzer Pfeffer
1 Hähnchen à 1,5 kg
1 Messerspitze gemahlene Safranfäden
1 Zimtstange
1 TL Salz
2 Dosen Kichererbsen (à 420 g)
3 EL fein gehackte glatte Petersilie, zusätzlich Petersilie zum Servieren
Zitronenspalten zum Servieren

FÜR 4 PERSONEN

KRÄUTER-*smen* oder Butter in einer großen Pfanne zerlassen. Ein Drittel der Zwiebeln hinzufügen und bei mittlerer Hitze in etwa 5 Minuten sautieren. Ingwer, schwarzen Pfeffer und Hähnchenteile zugeben und Fleischstücke unter gelegentlichem Wenden und ohne sie zu bräunen 2–3 Minuten garen. Restliche Zwiebeln, 300 ml Wasser, Safran, Zimtstange und Salz hinzufügen. Zum Kochen bringen, Hitze reduzieren und 45 Minuten lang köcheln.

INZWISCHEN die Kichererbsen abtropfen lassen, in eine große Schüssel geben und mit kaltem Wasser bedecken. Mit den Händen anheben, aneinanderreiben, um die Häute zu lösen, und in die Schüssel zurücksinken lassen. Mehr Wasser in die Schüssel laufen lassen, umrühren und die an die Oberfläche steigenden Häute abschöpfen. Wiederholen, bis alle Häute entfernt sind. Gehäutete Kichererbsen mit Petersilie zum Hähnchen geben, umrühren, Deckel auflegen und das Hähnchen in etwa 15 Minuten weich köcheln.

DEN TOPF leicht kippen, etwas Fett abschöpfen und in eine Pfanne geben. Die Hähnchenteile herausnehmen und über dem Topf abtropfen lassen. Fett in der Pfanne erhitzen und die Hähnchenstücke bei starker Hitze rasch anbräunen. In der Zwischenzeit die Sauce aufkochen, um sie ein wenig einzudicken.

DAS HÄHNCHEN mit den Kichererbsen und der darüber geschöpften Sauce auftragen. Mit Petersilie bestreuen und mit Zitronenspalten und knusprigem Brot servieren.

Das Anbraten eines Hähnchens (oder Lamms) nach dem Schmoren ist typisch für die Berberküche. Es verleiht dem Hähnchen eine appetitliche goldbraune Kruste und verbessert Aussehen und Geschmack.

DJEJ BIL MARAK SFARGEL

HÄHNCHEN MIT QUITTENSAUCE

Quitten sind eine beliebte Tajine-Zutat. Zwar sind im Rezept pochierte Quittenscheiben angegeben, doch man kann sie auch durch 90 g Quittenmark ersetzen; einfach in der Sauce zerdrücken und einen Schuss Rosenwasser dazugeben.

1 Hähnchen à 1,5 kg, geviertelt
1 EL *ras el hanout* (s. S. 286)
2 EL Öl
1 Zwiebel, in Scheiben geschnitten
250 ml Hühnerfond
Meersalz
4 Scheiben Quitten in Rosenwassersirup (s. S. 232)
1 EL Zitronensaft

FÜR 4 PERSONEN

BRÜSTE, Beine und Schenkel des geviertelten Hähnchens schräg einschneiden. Fleisch mit *ras el hanout* einreiben und 20 Minuten ziehen lassen.

DAS ÖL bei mittlerer Temperatur in einer großen Pfanne mit Deckel erhitzen, die Hähnchenstücke mit der Hautseite nach unten hineinlegen und 2 Minuten lang leicht anbräunen, dann wenden und weitere 2 Minuten braten. Die Zwiebel um das Fleisch herum verteilen und in etwa 5 Minuten weich garen. Hühnerfond hinzufügen und falls nötig mit Meersalz nachwürzen. Temperatur auf schwächste Stufe herunterschalten, Deckel auflegen und 45 Minuten unter gelegentlichem Wenden köcheln lassen.

INZWISCHEN die Quittenscheiben mit 2 EL des Sirups pürieren. Sobald das Fleisch zart und gar ist, Quittenpüree in die Pfanne geben und mit dem Bratensaft verrühren. Zitronensaft zugießen, unterrühren und das Hähnchen in der Sauce wenden. Bei schwacher Hitze etwa 3–4 Minuten ohne Deckel köcheln und die Sauce eindicken lassen. Das Hähnchen mit der Quittensauce servieren. Dazu schmecken Pikante Karotten (s. S. 79).

Das Hähnchen wird bis fast auf die Knochen eingeschnitten und mit *ras el hanout* eingerieben. So können die Gewürze trotz der kurzen Garzeit des köstlichen Hähnchen-Quitten-Gerichts tief ins Fleisch eindringen.

DJEJ MÉCHOUI

GEWÜRZTE GRILLHÄHNCHEN

Marokkanische Gewürze und in Zucker getunkte, gegrillte Zitronenviertel verleihen dem Hähnchen einen Hauch von Exotik. Dazu passt geschmorter Kürbis mit Süßkartoffeln (s. S. 84), den man auf dem Grill neben dem Fleisch garen kann.

2 Hähnchen à 750 g
1 Prise Safranfäden
1 TL grobes Salz
2 Knoblauchzehen, gehackt
1 ½ TL Paprikapulver
1 Prise Cayennepfeffer
2 TL gemahlener Kreuzkümmel
½ TL frisch gemahlener schwarzer Pfeffer
1 EL Zitronensaft
1 EL Olivenöl
2 Zitronen
2 EL Puderzucker
Brunnenkresse, verlesen, zum Servieren

FÜR 4 PERSONEN

DIE HÄHNCHEN mit einer Geflügel- oder Küchenschere zu beiden Seiten des Rückgrats entlang einschneiden. Abspülen und mit Küchenpapier trocken tupfen. Auf einem Brett mit der Hautseite nach oben ausbreiten und den Handballen auf beide Brüste drücken, um den Brustknochen zu brechen und das Fleisch flach zu drücken. Brüste und Beine tief einschneiden. Zwei lange Metallspieße pro Vogel jeweils von der Brustspitze bis zur Unterseite der Beine schieben, die nach außen gespreizt sein sollen, damit das Hähnchen möglichst flach liegt.

SAFRAN und Salz in einen Mörser geben und zu Pulver zerstoßen. Knoblauch hinzufügen und zu einer Paste zerstampfen. Paprika, Cayennepfeffer, Kreuzkümmel, schwarzen Pfeffer, Zitronensaft und Olivenöl einarbeiten. Das Hähnchen und insbesondere die Einschnitte mit der Gewürzmischung einreiben. Abdecken und mindestens 2 Stunden oder über Nacht im Kühlschrank marinieren. Etwa 1 Stunde vor dem Garen auf Raumtemperatur bringen.

HOLZKOHLE- oder Elektrogrill vorheizen und die Hähnchen mit der Haut nach oben auflegen. Bei mittlerer Hitze etwa 20 Minuten grillen; dabei häufig wenden und mit der Marinade bestreichen. Das Fleisch ist gar, sobald der Bratensaft bei einem Einstich in den Schenkel klar bleibt. Die Garzeit verkürzt sich, wenn man eine Ofenpfanne über die Hähnchen stürzt; dann jedoch die Hitze reduzieren, damit das Fleisch nicht verbrennt. Hähnchen auf eine Platte legen, Spieße entfernen, mit Alufolie bedecken und vor dem Halbieren ruhen lassen.

ZITRONEN vierteln und die Schnittflächen in gesiebten Puderzucker drücken. Kurz auf den Schnittflächen grillen, bis sie karamellisiert sind. Die Hähnchen mit Zitronenvierteln und Brunnenkresse servieren.

Das schmetterlingsartig aufgeklappte Hähnchen gart rascher auf dem Grill, wenn es mit Spießen in seiner flach gedrückten Stellung fixiert wird. Die Knoblauch-Gewürz-Mischung der Marinade wird in einem Mörser mit dem Stößel bearbeitet, wie es auch die marokkanische Hausfrau macht.

Mithilfe einer Küchenmaschine sind die Zutaten für die Hackfleischmasse im Nu zerkleinert. Die Zugabe sowohl von Zitronensaft als auch eingelegter Zitrone macht dieses Gericht noch reizvoller.

TAJINE KEFTA M'CHERMEL

FLEISCHBÄLLCHEN MIT KRÄUTERN UND ZITRONE

Die Fleischbällchen in diesem Gericht müssen nicht angebraten werden. Gewürze, frische Petersilie und Koriander sowie die Schärfe der frischen Chilischote ergeben zusammen mit der Zitrone eine köstliche Sauce, in der sie gegart werden.

½ Zwiebel, grob gehackt
2 EL grob gehackte glatte Petersilie
2 Scheiben Weißbrot, Kruste entfernt
1 Ei
500 g Lamm- oder Rinderhack
½ TL gemahlener Kreuzkümmel
½ TL Paprikapulver
½ TL frisch gemahlener schwarzer Pfeffer
1 TL Salz

KRÄUTER-ZITRONEN-SAUCE
1 EL Butter oder Öl
½ Zwiebel, fein gehackt
½ TL Paprikapulver
½ TL gemahlene Kurkuma
1 Prise Kreuzkümmel
1 rote Chilischote, Samen entfernt und in Ringe geschnitten, oder 1 Prise Cayennepfeffer
375 ml Hühnerfond oder Wasser
2 EL gehacktes Koriandergrün
2 EL gehackte glatte Petersilie
2 EL Zitronensaft
Meersalz
½ eingelegte Zitrone (s. S. 285) nach Belieben

FÜR 4 PERSONEN

ZWIEBEL und Petersilie in einer Küchenmaschine fein hacken. Das Brot zerrupfen, mit dem Ei hinzufügen und kurz mixen. Hackfleisch, Kreuzkümmel, Paprika, schwarzen Pfeffer und Salz zugeben und zu einer dicken Paste pürieren. Oder aber Zwiebel reiben, Petersilie hacken, Brot zerkrümeln. Dann mit Ei, Hackfleisch und den Gewürzen in einer Schüssel glatt verkneten.

MIT ANGEFEUCHTETEN HÄNDEN walnussgroße Kugeln formen und auf ein Blech legen. Abdecken und bis zur Weiterverarbeitung in den Kühlschrank stellen.

FÜR DIE KRÄUTER-ZITRONEN-SAUCE Butter oder Öl in einem Topf bei schwacher Hitze erwärmen und die Zwiebel darin in etwa 8 Minuten weich dünsten. Paprika, Kurkuma, Kreuzkümmel und Chilischote oder Cayennepfeffer hinzufügen und unter Rühren 1 Minute weiterbraten. Den Fond und Koriandergrün dazugeben und zum Kochen bringen.

DIE FLEISCHBÄLLCHEN in die Sauce geben und den Topf schütteln, sodass sie nach unten sinken. Abdecken und 45 Minuten köcheln. Den Großteil der Petersilie sowie Zitronensaft hinzufügen und gegebenenfalls salzen. Erneut erhitzen und 2 Minuten köcheln lassen. Bei Verwendung von eingelegter Zitrone, die Frucht unter fließendem Wasser abspülen, Fruchtfleisch und Scheidewände entfernen und Schale in Streifen schneiden. Unter die Fleischbällchen rühren. In eine Tajine oder Schüssel geben, mit restlicher Petersilie bestreuen und mit knusprigem Brot servieren.

'L KHODRA MAAMERA BEL KEFTA

GEMÜSE MIT LAMMFÜLLUNG

Dies ist nur eine Variante von gefülltem Gemüse. Marokkanische Köche nehmen sich zwar die Zeit, die ganzen Zucchini vor dem Füllen auszuhöhlen, doch kann man sie auch einfach halbieren, das Fruchtfleisch entfernen und nach dem Füllen wieder zusammensetzen.

4 Zucchini
2 kleine Paprikaschoten
6 Tomaten

HACKFÜLLUNG
2 EL Olivenöl
1 Zwiebel, fein gehackt
2 Knoblauchzehen, fein gehackt
½ TL gemahlener Ingwer
½ TL gemahlener Zimt
frisch gemahlener schwarzer Pfeffer
500 g Lamm- oder Rinderhack
2 EL gehackte glatte Petersilie
1 EL gehacktes Koriandergrün
2 TL gehackte Minze
1 TL Salz
50 g Kurzkornreis

TOMATENSAUCE
1 EL Olivenöl
1 Zwiebel, grob geraspelt
1 Knoblauchzehe, fein gehackt
½ TL Paprikapulver
1 Prise gemahlener Kreuzkümmel
1 große Tomate, geschält, Samen entfernt und gehackt
2 EL Tomatenmark
1 TL Zucker
1 EL Zitronensaft
Meersalz und frisch gemahlener schwarzer Pfeffer

FÜR 4 PERSONEN

DIE ZUCCHINI längs halbieren, aushöhlen, dabei einen etwa 1 cm breiten Rand stehen lassen. Paprikaschoten längs halbieren; Samen und Scheidewände entfernen. Von vier Tomaten die Kappen abschneiden (und aufheben), das Gemüse aushöhlen und das Fruchtfleisch durch ein Sieb in eine Schüssel streichen. Die restlichen Tomaten enthäuten (s. S. 88), in dünne Scheiben schneiden und beiseitestellen.

FÜR DIE HACKFÜLLUNG Öl und Zwiebel in einen Topf geben und bei mittlerer Hitze 5 Minuten garen. Knoblauch, Ingwer, Zimt, Pfeffer unterrühren, das Fleisch zugeben und kräftig rühren, um die Klumpen zu zerteilen. 250 ml Wasser, Petersilie, Koriander, Minze und 1 TL Salz hinzufügen. Zum Kochen bringen, dann abdecken und bei schwacher Hitze 20 Minuten köcheln. Den Reis hinzufügen, abdecken und 10 Minuten garen, bis der Großteil der Flüssigkeit verdampft ist.

FÜR DIE TOMATENSAUCE alle Saucenzutaten sowie 125 ml Wasser verrühren. Mit Meersalz und frisch gemahlenem schwarzem Pfeffer abschmecken. Den Ofen auf 180 °C vorheizen.

DIE HACKFÜLLUNG ins Gemüse geben. Anschließend die Zucchini mit den ungefüllten Hälften abdecken und beide Seiten mit Zahnstochern befestigen; die Paprika mit Tomatenscheiben abdecken, die ausgehöhlten Tomaten mit ihren Kappen. Gemüse in eine feuerfeste Form setzen. Tomatensauce hineingießen, mit Alufolie abdecken und 50 Minuten im Ofen backen, dann die Folie entfernen, Gemüse mit Sauce bepinseln und weitere 10 Minuten garen. Zahnstocher entfernen und servieren.

Zucchini werden ausgehöhlt, gefüllt und wieder zusammengesetzt, Paprika nur gefüllt und mit Tomatenscheiben verschlossen.

TAJINE 'L GHANMI BE MATISHA MAASLA

LAMM-TAJINE MIT SÜSSEM TOMATENCONFIT

Tomatenconfit wird – als Dip mit Brot – als Vorspeise gereicht. Die gleichen Zutaten ergeben aber zusammen mit Lamm auch eine wunderbar aromatische, nach Zimt und Honig duftende Tajine. Dafür sind frische Tomaten vorzuziehen.

Marokkaner lieben ihren Honig; zusammen mit Gewürzen und Tomaten verleiht er dieser Tajine ihr besonderes Aroma. Die gerösteten Mandeln sorgen für den nötigen Biss.

1,5 kg reife Tomaten
1 kg Lammschulter oder Beinscheiben vom Lamm
2 EL Olivenöl
2 Zwiebeln, grob geraspelt
2 Knoblauchzehen, fein gehackt
1 TL gemahlener Ingwer
1 Prise frisch gemahlener schwarzer Pfeffer
1 Zimtstange
1 Messerspitze gemahlene Safranfäden
3 EL Tomatenmark
Meersalz und frisch gemahlener schwarzer Pfeffer
2 EL Honig
1 ½ TL gemahlener Zimt
30 g Butter
40 g blanchierte Mandeln

FÜR 4–6 PERSONEN

DIE TOMATEN quer halbieren und die Samen herausdrücken. Tomaten grob in eine Schüssel raspeln, die zurückbleibende Haut wegwerfen. Beiseitestellen.

DAS LAMM von Fett und Sehnen befreien und in 3 cm große Stücke schneiden. Die Hälfte des Olivenöls in einem schweren Topf bei hoher Temperatur erhitzen, das Fleisch darin portionsweise ringsum anbräunen. Auf einem Teller beiseitestellen.

HITZE REDUZIEREN, restliches Olivenöl und Zwiebeln hinzufügen und Zwiebeln unter gelegentlichem Umrühren in etwa 10 Minuten bei schwacher Hitze weich dünsten. Knoblauch, Ingwer, schwarzen Pfeffer und Zimtstange dazugeben und 1 Minute mitbraten. Safran und Tomatenmark hinzufügen und 1 weitere Minute garen. Das Fleisch zusammen mit der geraspelten Tomate in den Topf zurückgeben, umrühren und mit Meersalz und frisch gemahlenem schwarzem Pfeffer würzen. Deckel auflegen und etwa 1 ¼ Stunden köcheln. Danach den Deckel einen Spaltweit öffnen und etwa 15 Minuten unter gelegentlichem Umrühren weitergaren, dann den Deckel abnehmen und die Sauce 25 Minuten bei milder Hitze eindicken lassen. Sobald sie eine dicke, fast marmeladenartige Konsistenz besitzt und das Öl sich abzusetzen beginnt, Honig und gemahlenen Zimt unterrühren und 2 Minuten weiterköcheln.

BUTTER in einer kleinen Pfanne zerlassen, Mandeln bei mittlerer Hitze unter gelegentlichem Rühren goldbraun rösten. Sofort auf einen Teller kippen, damit sie nicht verbrennen.

DIE ZIMTSTANGE entfernen, das Fleisch in eine Servierschüssel geben und mit den Mandeln bestreuen. Mit knusprigem Brot oder Couscous servieren.

BAHA

GEDÄMPFTES LAMM MIT KREUZKÜMMEL

Ein schlichtes, aber köstliches Gericht. In Marokko wird das Fleisch beim Essen behutsam mit den Fingern vom Knochen gezupft. Doch man kann es auch in Scheiben schneiden und mit Rote-Bete-Salat (s. S. 80) und winzigen Pellkartoffeln servieren.

1,25 kg Lammschulter mit Knochen
1 ½ TL gemahlener Kreuzkümmel, plus etwas mehr zum Servieren (nach Belieben)
1 TL grobes Salz, plus etwas mehr zum Servieren (nach Belieben)
½ TL frisch gemahlener schwarzer Pfeffer
1 Prise gemahlene Safranfäden
6 Knoblauchzehen, zerdrückt
10–12 Zweige glatte Petersilie
1 EL Olivenöl

FÜR 4 PERSONEN

ÜBERSCHÜSSIGES FETT von der Lammschulter entfernen. Das Fleisch mit einem feuchten Küchenpapier abwischen und ringsum mit einem spitzen Messer fein einschneiden.

KREUZKÜMMEL, Salz, schwarzen Pfeffer und Safran vermischen, das Fleisch mit der Mischung einreiben, dabei besonders in die Einschnitte drücken. Abdecken und die Aromen 30 Minuten lang einwirken lassen. Das Fleisch mit der Fettseite nach oben auf ein Stück Musselin (Seihtuch) legen, die Hälfte der Knoblauchzehen darauflegen und das Tuch über den Zutaten zusammenbinden.

EINEN GROSSEN TOPF, auf den ein Dämpfeinsatz passt (oder den unteren Teil eines *couscoussiers*), zu drei Vierteln mit Wasser füllen. Bei der Verwendung eines Topfes mit Dämpfeinsatz darauf achten, dass sich die Unterseite des Einsatzes mindestens 3 cm über der Wasseroberfläche befindet. Deckel aufsetzen und Wasser zum Kochen bringen. Den Boden des Einsatzes mit Petersilienzweigen und den restlichen Knoblauchzehen auslegen. Das in Musselin eingeschlagene Lamm darauf-legen, Streifen aus Alufolie um den Einsatzrand falten und Deckel fest aufsetzen, damit der Dampf im Innern bleibt. Hitze so hoch schalten, dass das Wasser fortwährend kocht, und derart 2–2 ½ Stunden dämpfen; dabei während der ersten 1 ½ Stunden den Deckel nicht abheben. Das Fleisch aus dem Einsatz heben und das Tuch entfernen. Das Fleisch sollte sich nach dem Garen leicht vom Knochen lösen.

ÖL in einer großen Pfanne erhitzen und Fleisch darin rasch von allen Seiten anbraten, damit es verlockender aussieht. Bei einem traditionellen marokkanischen Essen zupft man das Fleisch mit den Fingern vom Knochen; aus den dazu gereichten Schälchen mit grobem Salz und gemahlenem Kreuzkümmel kann jeder nach Geschmack nachwürzen.

Das Fleisch wird mit Gewürzen eingerieben und in Musselin gehüllt, um die Aromen zu bewahren.

Bei diesem köstlichen Gericht ist die eingelegte Zitrone unverzichtbar. Die abgespülte Schale in Streifen schneiden und gegen Ende des Garvorgangs zugeben.

TAJINE 'L GHANMI BE JELBANA

LAMM-TAJINE MIT ERBSEN UND ZITRONEN

Eingelegte Zitronen verleihen dieser Komposition von Lamm, grünen Erbsen, frischen Kräutern und gemahlenen Gewürzen ein wunderbares Aroma. Enthülste frische grüne Erbsen sind vorzuziehen, aber auch mit Tiefkühlerbsen erzielt man ein gutes Ergebnis.

1 kg entbeinte Lammschulter oder -keule
2 EL Olivenöl
1 Zwiebel, fein gehackt
2 Knoblauchzehen, fein gehackt
1 TL gemahlener Kreuzkümmel
½ TL gemahlener Ingwer
½ TL gemahlene Kurkuma
etwas Meersalz
frisch gemahlener schwarzer Pfeffer
3 EL gehacktes Koriandergrün
3 EL gehackte glatte Petersilie
1 TL getrockneter *za'tar* (wilder Thymian) oder 2 TL gehackter frischer Zitronenthymian
1 ½ eingelegte Zitronen (s. S. 285)
250 g enthülste frische oder tiefgefrorene grüne Erbsen
2 TL gehackte Minze
½ TL Zucker

FÜR 4–6 PERSONEN

DAS FLEISCH von überschüssigem Fett und Sehnen befreien und in 3 cm große Würfel schneiden. Olivenöl in einem großen Topf bei hoher Temperatur erhitzen, das Fleisch portionsweise darin anbraten und auf einen Teller legen. Falls nötig, noch Öl hinzufügen.

HITZE REDUZIEREN, Zwiebel dazugeben und in 5 Minuten weich garen. Knoblauch, Kreuzkümmel, Ingwer und Kurkuma hinzufügen und kurz mitbraten. Mit 375 ml Wasser aufgießen und gründlich rühren, um den Bratensaft vom Topfboden zu lösen. Dann das Fleisch mit etwas Meersalz und reichlich frisch gemahlenem schwarzem Pfeffer gewürzt in den Topf zurückgeben. Koriander, Petersilie und *za'tar* oder Zitronenthymian hinzufügen, Deckel auflegen und bei schwacher Hitze in etwa 1 ½ Stunden weich köcheln.

DIE EINGELEGTEN Zitronen vierteln, unter kaltem fließendem Wasser abspülen und Fruchtfleisch sowie Häute entfernen. Die Schale in Streifen schneiden und zusammen mit Erbsen, Minze und Zucker zum Lamm geben. Erneut aufkochen lassen, Deckel auflegen und noch etwa 10 Minuten köcheln, bis die Erbsen gar sind. Heiß servieren.

TAJINE 'L GHANMI BEL BTATA WAZ ZITOUN

LAMM-TAJINE MIT OLIVEN UND KARTOFFELN

Safran aromatisiert die Kartoffeln und verleiht ihnen die goldgelbe Farbe. Geborstene grüne Oliven verleihen diesem Gericht seinen besonderen Reiz. Sie müssen allerdings 2 Minuten blanchiert werden, so werden ihnen die Bitterstoffe entzogen.

1 kg entbeinte Lammschulter
3 EL Olivenöl
2 Zwiebeln, fein gehackt
2 Knoblauchzehen, fein gehackt
1 TL gemahlener Kreuzkümmel
½ TL gemahlener Ingwer
½ TL Paprikapulver
½ TL Salz
frisch gemahlener schwarzer Pfeffer
3 EL gehacktes Koriandergrün
3 EL gehackte glatte Petersilie
200 g grüne Oliven
750 g Kartoffeln
1 Messerspitze gemahlene Safranfäden
1 EL Olivenöl, zusätzlich

FÜR 4–6 PERSONEN

DAS FLEISCH von überschüssigem Fett und Sehnen befreien und in 3 cm große Stücke schneiden. Die Hälfte des Olivenöls in einem großen Topf bei hoher Temperatur erhitzen, das Fleisch darin portionsweise von allen Seiten anbraten und auf einem Teller beiseitelegen. Falls nötig, etwas mehr Öl zufügen.

DIE HITZE reduzieren, das restliche Olivenöl zugeben und die Zwiebeln darin in etwa 8 Minuten weich dünsten. Knoblauch, Kreuzkümmel und Ingwer hinzufügen und einige Minuten braten. Mit 375 ml Wasser aufgießen und gut rühren, um den braunen Bratensaft vom Topfboden zu lösen. Das Fleisch zusammen mit Paprika, ½ TL Salz und reichlich frisch gemahlenem schwarzem Pfeffer in den Topf zurückgeben. Koriander und Petersilie hinzufügen, dann abdecken und bei schwacher Hitze 1–1 ¼ Stunden köcheln.

INZWISCHEN die Oliven in einen kleinen Topf geben, mit Wasser bedecken, zum Kochen bringen und 5 Minuten garen. Abgießen und wiederholen, um ihren Geschmack zu mildern. Die abgetropften Oliven zum Fleisch geben, Deckel auflegen und das Fleisch in weiteren 15–30 Minuten weich garen.

KARTOFFELN SCHÄLEN und vierteln. In einen Topf geben, mit leicht gesalzenem Wasser bedecken und den Safran hinzufügen. Zum Kochen bringen und in etwa 10 Minuten garen. Abgießen und vorsichtig in 1 EL Olivenöl schwenken.

FLEISCH UND SAUCE in ein Serviergeschirr geben, mit den Kartoffeln umlegen und servieren.

Ein kleines Sträußchen Koriandergrün sorgt für Aroma, ohne die Farbe der geschmackvollen Pflaumensauce zu verändern. Es wird vor dem Servieren entfernt.

TAJINE 'L GHANMI BEL BARKOUK

LAMMHACHSEN-TAJINE MIT DÖRRPFLAUMEN

Die Dörrpflaumen verleihen diesem Gericht den süßsauren Geschmack, der seine persischen Ursprünge verrät. Schmorfleisch vom Lamm lässt sich hier verwenden, doch Lammhachsen schmecken in dieser Zubereitungsweise besonders gut.

4 Lammhachsen
1 EL Öl
30 g Butter
1 Zwiebel, gehackt
1 Messerspitze gemahlene Safranfäden
½ TL gemahlener Ingwer
2 Zimtstangen
4 Korianderzweige, zu einem Sträußchen zusammengebunden
Meersalz und frisch gemahlener schwarzer Pfeffer
Schale einer halben unbehandelten Zitrone, in breiten Streifen geschält
300 g entsteinte Dörrpflaumen
2 EL Honig
1 EL Sesamsamen, geröstet

FÜR 4 PERSONEN

DIE VORBEREITETEN Lammhachsen von überschüssigem Fett befreien. Wenn möglich bereits freigeschabte und gekürzte Hachsen verwenden. Wenn die nicht erhältlich sind, ganze verwenden und den Fleischer bitten, sie in der Mitte durchzusägen.

IN EINEM TOPF mit schwerem Boden bei hoher Temperatur Öl und Butter erhitzen, die Lammhachsen hinzufügen und von allen Seiten anbraten. Herausnehmen und beiseitelegen.

DIE HITZE auf mittlere Temperatur reduzieren, Zwiebel dazugeben und in etwa 5 Minuten weich dünsten. Dann 375 ml Wasser, Safran, Ingwer, Zimtstangen und Korianderzweige hinzufügen und mit Meersalz und frisch gemahlenem schwarzem Pfeffer abschmecken. Gut umrühren und die Lammhachsen in den Topf zurückgeben. Deckel auflegen und bei niedriger Temperatur 1 Stunde lang köcheln, dann Zitronenschale hinzufügen und weitere 30 Minuten garen.

DÖRRPFLAUMEN und Honig dazugeben, abdecken und weitere 30 Minuten garen, bis das Lammfleisch sehr zart ist. Die Korianderzweige entfernen und wegwerfen. Lammhachsen mit Sesamsamen bestreuen und heiß servieren.

16

ESSIGGEMÜSE Gläser mit eingemachtem Gemüse (links) schmücken die Regale von Spezialgeschäften, die alle Arten von Essiggemüse – Steckrüben, Zwiebeln und Blumenkohl – anbieten. Eingelegte Zitronen und getrocknete Oliven beherrschen das Bild (Mitte); glänzende rötliche und grüne in Salzlake eingelegte Oliven kontrastieren mit den trocken eingelegten schwarzen Oliven (unten rechts).

EINGEMACHTES

DIE BERÜHMTESTE EINGELEGTE FRUCHT MAROKKOS IST ZWEIFELLOS *HAMED MARKAD* (EINGELEGTE ZITRONE ODER SALZZITRONE). GANZE ZITRONEN WERDEN MITHILFE VON SALZ, ZITRONENSAFT UND KOCHENDEM WASSER IN EINE NEUE ZUTAT VON EINZIGARTIGEM GESCHMACK UND SEIDIGER TEXTUR VERWANDELT. DIE UMWANDLUNG DAUERT 4–6 WOCHEN.

Während viele Marokkaner ihre Zitronen selbst einmachen, kaufen Städter sie bei Händlern, entweder im Glas oder, je nach Bedarf, auch einzeln und lose.

Oliven werden grün, leicht errötet, gleichmäßig rot oder schwarz gepflückt, sodass man eingelegte Oliven in vielen Farb- und Geschmacksnuancen erhält. Manche grüne Oliven lässt man ganz, andere ritzt man an, um den Säuerungsprozess zu beschleunigen. Es gibt viele Methoden: Aufgeplatzte Oliven beispielsweise werden drei Tage gewässert und dann mehrere Wochen in Salzlake eingelegt, bis sie ihren bitteren Geschmack verloren haben. Für die schrumpligen schwarzen Oliven werden reife Oliven mit Salz in Körbe geschichtet und beschwert. Nach fünf Tagen werden sie einen Tag in der

Eingelegte Zitronen (oben links) in ihrer salzigen Zitronenlauge; diese reifen offenbar schon eine Weile, da die Flüssigkeit den typischen Bernsteinton angenommen hat. Würziges Dörrfleisch (*khli'*) in einer Schüssel (unten links), bei Städtern sehr begehrt, während viele Landbewohner es selbst aus Rind- oder Lammfleisch herstellen. Grüne und rötliche Oliven (rechts) sollen Kunden anlocken.

Sonne getrocknet, dann wird das Ganze zweimal wiederholt. Wegen ihres intensiven Geschmacks werden diese Oliven am höchsten geschätzt. Aber auch viele Gemüsesorten werden wie im Nahen Osten üblich in Salzlake und Essig eingelegt.

Eine beliebte Konserve ist *khli'*, ein von marokkanischen Landbewohnern hergestelltes Dörrfleisch. An wichtigen Festen, wie etwa dem *aid el kebir*, dem fünftägigen Opferfest, an dem man zum Gedenken an Abrahams Opfer ein Lamm schlachtet, bereiten es auch viele Städter zu. Jeder Haushalt kauft, oft lange vor dem Fest, ein Lamm, das am ersten Tag vom Fleischer rituell geschlachtet wird, um dann nacheinander – beginnend mit den Innereien – verzehrt zu werden. Ungekochte Fleischreste werden zuletzt häufig als *khli'* haltbar gemacht.

KSEKSOU BIDAWI

COUSCOUS MIT LAMM UND SIEBEN GEMÜSESORTEN

Die Zahl sieben gilt als Glückszahl, daher muss das beliebte Gericht sieben Gemüsesorten enthalten. Die korrekte Übersetzung für *bidawi* lautet »nach Art von Casablanca« (*Dar el-beida* auf Arabisch). In marokkanischen Haushalten wird Couscous am Freitag serviert.

1 kg Lammschulter, entbeint
3 EL Olivenöl
2 Zwiebeln, geviertelt
2 Knoblauchzehen, fein gehackt
½ TL gemahlene Kurkuma
½ TL Paprikapulver
1 Prise gemahlene Safranfäden
1 Zimtstange
je 4 Zweige Koriandergrün und glatte Petersilie, zu einem Sträußchen zusammengebunden
1 Dose gehackte Tomaten (à 400 g)
1 ½ TL frisch gemahlener schwarzer Pfeffer
1 ½ TL Salz
3 Karotten, geschält und in dicke Stifte geschnitten
3 kleine Steckrüben, geschält und geviertelt
30 g Rosinen
4 Zucchini, in Stifte geschnitten
400 g Winterkürbis, vorzugsweise Butternusskürbis, geschält und in 2,5 cm große Stücke geschnitten
1 Dose Kichererbsen (à 400 g), abgespült und abgetropft
Couscous zum Servieren (s. S. 278)
2–3 TL Harissa (s. S. 286), nach Geschmack

FÜR 6–8 PERSONEN

DAS FLEISCH von überschüssigem Fett befreien und in 2 cm große Stücke schneiden.

DAS ÖL in einem großen Topf oder dem Unterteil eines großen *couscoussiers* erhitzen und Fleisch, Zwiebel und Knoblauch dazugeben. Bei mittlerer Hitze anbraten und einmal wenden, bis das Fleisch seine rote Farbe verloren hat. Kurkuma, Paprika und Safran einrühren, 750 ml Wasser zugießen, dann Zimtstange, Gewürzsträußchen, Tomaten, Pfeffer und Salz (oder nach Geschmack) zugeben. Zum Kochen bringen, abdecken und bei schwacher Hitze 1 Stunde köcheln. Karotten und Steckrüben hinzufügen und weitere 20 Minuten garen.

ROSINEN, Zucchini, Kürbis und Kichererbsen in den Topf geben, falls nötig etwas Wasser zugießen, sodass die Zutaten fast bedeckt sind. Weitere 20 Minuten garen, bis Fleisch und Gemüse weich sind.

WÄHRENDDESSEN den Couscous zubereiten. Entweder über dem Eintopf oder über einem Topf mit kochendem Wasser garen.

DEN COUSCOUS auf eine tiefe vorgewärmte Platte häufen und in der Mitte eine Vertiefung machen. Kräuter und Zimtstange aus dem Lammtopf entfernen und Fleisch und Gemüse über den Couscous schöpfen, sodass ein Teil davon über die Seiten der Vertiefung gleitet. Mit etwas Brühe aus dem Topf befeuchten. 250 ml der restlichen Brühe in eine Schüssel gießen und die Harissa einrühren. Diese Mischung wird je nach persönlichem Geschmack über den Couscous gegossen, um ihn feucht zu halten.

In Marokko wird Couscous in drei unterschiedlichen Körnungen angeboten, wobei die mittlere Größe bevorzugt wird.

TANGIA

GESCHMORTES RINDFLEISCH MIT KRÄUTERN

Dieses Junggesellenessen ist nach dem Steingutgefäß benannt, in dem es gegart wird. Die Zutaten werden in die *tangia* gefüllt, die man oben mit Pergament und Schnur verschließt, dann im Heizraum des örtlichen Badehauses stundenlang in der Asche gegart.

1 kg Rinderkamm oder entbeinte Rinderhachse
1 ½ Zwiebeln, fein gehackt
4 Knoblauchzehen, fein gehackt
2 EL Olivenöl
2 TL *ras el hanout* (s. S. 286)
½ TL Harissa oder nach Geschmack oder 1 Messerspitze Cayennepfeffer
frisch gemahlener schwarzer Pfeffer
Meersalz
3 reife Tomaten
1 ½ eingelegte Zitronen (s. S. 285)
2 TL Honig
1 EL gehacktes Koriandergrün
2 EL gehackte glatte Petersilie

FÜR 4–6 PERSONEN

DAS FLEISCH von Fett und Sehnen befreien und in 2,5 cm große Stücke schneiden. In eine tiefe Kasserolle geben. Zwiebeln, Knoblauch, Öl, *ras el hanout*, Harissa und den schwarzen Pfeffer hinzufügen und mit Salz abschmecken. Das Fleisch in der Marinade wälzen. Den Ofen auf 140 °C vorheizen.

DIE TOMATEN quer halbieren und die Samen herausdrücken. Tomaten direkt in die Kasserolle grob raspeln, die Häute wegwerfen. Die eingelegten Zitronen abspülen, Fruchtfleisch und Scheidewände entfernen. Die Schale würfeln – ein wenig davon zum Garnieren zurückbehalten – und zusammen mit Honig, Koriander und 1 EL der Petersilie zum Fleisch geben. Gut umrühren, dann Deckel auflegen und 3 ½ Stunden im Ofen garen. Der Fleischsaft sollte das Gericht feucht halten, gegebenenfalls nach 1 ½ Stunden Garzeit nachsehen und, falls nötig, etwas Wasser hinzufügen.

DAS FLEISCH, sobald es sehr zart ist, auf einer Servierplatte anrichten, mit der restlichen Zitronenschale bestreuen und der verbliebenen Petersilie garnieren.

TAJINE LAHM BIL BAMIYA WAL MATISHA

RINDFLEISCH-TAJINE MIT OKRASCHOTEN

Damit die Okraschoten beim Garen nicht beschädigt werden, fädeln Köche sie mit Nadel und Faden am konischen Ende zu einer Art Halskette auf. Diese wird, wenn die Tajine umgerührt werden muss, mit einem Holzlöffel angehoben.

1 kg Rinderkamm
3 EL Olivenöl
1 Zwiebel, fein gehackt
3 Knoblauchzehen, fein gehackt
½ TL gemahlener Kreuzkümmel
½ TL gemahlene Kurkuma
1 Dose gehackte Tomaten (à 400 g)
½ TL Zucker
1 Zimtstange
1 TL Salz
frisch gemahlener schwarzer Pfeffer
2 EL gehackte glatte Petersilie
1 EL gehacktes Koriandergrün, plus etwas mehr zum Servieren
500 g kleine frische Okraschoten

FÜR 4–6 PERSONEN

DAS FLEISCH von Fett und Sehnen befreien und in 2,5 cm große Stücke schneiden. Die Hälfte des Olivenöls in einem großen Topf bei mittlerer Temperatur erhitzen und das Fleisch portionsweise darin anbräunen; bei Bedarf etwas mehr Öl zugeben. In einem Teller beiseitestellen.

DIE HITZE reduzieren, Zwiebel und das restliche Öl in den Topf geben und in 10 Minuten weich dünsten. Knoblauch, Kreuzkümmel und Kurkuma hinzufügen, kurz mitbraten, dann Tomaten, Zucker, Zimtstange, TL Salz und reichlich frisch gemahlenen schwarzen Pfeffer zugeben. Das Fleisch in den Topf zurückgeben, Petersilie, Koriander und 250 ml Wasser hinzufügen. Deckel auflegen und bei schwacher Hitze 1 ½ Stunden köcheln, bis das Fleisch fast weich ist.

INZWISCHEN die äußersten Enden der Stiele der Okraschoten kappen; die Schoten dabei nicht verletzen. Die Schoten in einem Sieb unter kaltem fließendem Wasser abspülen. Überprüfen, ob sich genügend Flüssigkeit im Topf befindet, falls nötig, etwas hinzufügen, sodass das Fleisch fast bedeckt ist, und Okraschoten darauflegen. Mit etwas Salz bestreuen, Deckel auflegen und weitere 30 Minuten köcheln. In diesem Garstadium nicht umrühren.

MIT ZUSÄTZLICHEM Koriandergrün bestreuen und mit knusprigem Brot servieren.

Man fragt sich, ob die Form der Okraschoten die Marokkaner so begeistert oder der Geschmack. Mit Sicherheit aber machen sie beim Präsentieren des Gerichts das Beste aus ihrer Form.

TAJINE LAHM BIL BATATA HELWA

RINDFLEISCH-TAJINE MIT SÜSSKARTOFFELN

Orangefleischige Süßkartoffeln sind mehlig und süß und behalten auch beim Garen die Form. Das Tajine-Gericht wird im Ofen fertig gebacken. Nach traditioneller Zubereitungsart wird ein Metalldeckel darübergestülpt, auf dem Holzkohle glüht.

1 kg Rinderkamm oder Rindernackensteak
3 EL Olivenöl
1 Zwiebel, fein gehackt
½ TL Cayennepfeffer
½ TL gemahlener Kreuzkümmel
1 TL gemahlene Kurkuma
½ TL gemahlener Ingwer
2 TL Paprikapulver
1 TL Salz
frisch gemahlener schwarzer Pfeffer
2 EL gehackte glatte Petersilie
2 EL gehacktes Koriandergrün
2 Tomaten
500 g orangefarbene Süßkartoffeln

FÜR 4–6 PERSONEN

DAS FLEISCH von überschüssigem Fett befreien und in 2,5 cm große Stücke schneiden. Die Hälfte des Öls in einem Topf erhitzen, das Fleisch portionsweise bei hoher Temperatur anbraten. Dabei wenn nötig Öl hinzufügen. Auf einem Teller beiseitestellen.

DIE HITZE reduzieren, Zwiebel mit dem restlichen Öl in den Topf geben und in etwa 10 Minuten weich dünsten. Cayennepfeffer, Kreuzkümmel, Kurkuma, Ingwer und Paprika hinzufügen, kurz mitbraten, dann Salz und reichlich frisch gemahlenen schwarzen Pfeffer zugeben. Das Fleisch zusammen mit Petersilie, Koriander und 250 ml Wasser in den Topf zurückgeben und bei schwacher Hitze etwa 1 ½ Stunden köcheln, bis es beinahe weich ist.

DIE TOMATEN häuten (s. S. 88) und in Scheiben schneiden. Süßkartoffeln schälen, in 2 cm große Stücke schneiden und in kaltes Wasser legen, damit sie sich bis zur Weiterverarbeitung nicht verfärben. Den Ofen auf 180 °C vorheizen.

DAS FLEISCH mit der Sauce in eine ofenfeste Servierschüssel geben (das Unterteil einer Tajine wäre ideal). Die Süßkartoffeln abtropfen lassen und über dem Fleisch verteilen. Tomatenscheiben darauf anordnen. Mit Alufolie (oder dem Tajine-Deckel) abdecken und 40 Minuten backen. Folie entfernen, Ofentemperatur auf 220 °C erhöhen und das Geschirr auf die oberste Backschiene setzen. Weitergaren, bis Tomaten und Süßkartoffeln stellenweise gebräunt und weich sind. Direkt aus der Schüssel servieren.

Die Süßkartoffelscheiben in eine Schüssel mit kaltem Wasser geben, damit sie sich bis zur späteren Weiterverarbeitung nicht verfärben.

KEFTA TAJINE BIL BEID

FLEISCHBÄLLCHEN-TAJINE MIT TOMATEN UND EIERN

Für das gemeinsame Essen auf marokkanische Art wird dieses Gericht in der Bratpfanne auf den Tisch gestellt. Mit Brot fischt jeder ein Ei aus der Pfanne und mit Brot tunkt man auch die aromatische Sauce auf.

700 g Lammhack
1 kleine Zwiebel, fein gehackt
2 Knoblauchzehen, fein gehackt
2 EL fein gehackte glatte Petersilie
2 EL fein gehacktes Koriandergrün
½ TL Cayennepfeffer
½ TL gemahlener Ingwer
1 TL gemahlener Kreuzkümmel
1 TL Paprikapulver
Meersalz und frisch gemahlener schwarzer Pfeffer
2 EL Olivenöl
4 Eier

SAUCE
2 EL Olivenöl
1 Zwiebel, fein gehackt
2 Knoblauchzehen, fein gehackt
2 TL gemahlener Kreuzkümmel
½ TL gemahlener Zimt
1 TL Paprikapulver
2 Dosen gehackte Tomaten (à 400 g)
2 TL Harissa (s. S. 286) oder nach Geschmack
4 EL gehacktes Koriandergrün

FÜR 4 PERSONEN

LAMMHACK, Zwiebel, Knoblauch, Kräuter und Gewürze in eine Schüssel geben und gut vermischen. Mit Salz und Pfeffer abschmecken. Jeweils einen Esslöffel der Menge zu Kugeln rollen.

DAS Öl in einer großen Pfanne bei mittlerer Temperatur erhitzen, die Fleischbällchen portionsweise hineingeben und in 8–10 Minuten unter gelegentlichem Wenden rundum bräunen. Die Bällchen herausnehmen und in einer Schüssel beiseitestellen. Die Pfanne mit Küchenpapier auswischen.

FÜR DIE SAUCE das Olivenöl in der Pfanne erhitzen, die Zwiebel hinzufügen und bei mittlerer Hitze in etwa 5 Minuten weich dünsten. Knoblauch, Kreuzkümmel, Zimt und Paprika hinzufügen und etwa 1 Minute mitbraten, bis sich die Aromen entfalten. Tomate und Harissa einrühren und zum Kochen bringen. Hitze reduzieren und 20 Minuten garen.

DIE FLEISCHBÄLLCHEN hinzufügen, abdecken und etwa 10 Minuten köcheln. Den Koriander unterrühren, dann behutsam die Eier aufschlagen, auf die Tomaten-Hacksauce gleiten lassen und garen, bis sie gestockt sind. Salzen und pfeffern und mit knusprigem Brot zum Auftunken der Sauce servieren.

Nachdem die Fleischbällchen gar sind, kann man das Gericht auch auf die untere Schale einer Tajine oder ein anderes feuerfestes Geschirr geben, die Eier hineinschlagen und bei mäßiger Hitze stocken lassen.

FESTTAGS-KÜCHE

Wenn man eine Mischung aus schwarzen und grünen Oliven verwendet, sieht das Gericht viel appetitlicher aus. Die Zitronenschale fein schneiden; oder – falls man eingelegte Zitronen zur Hand hat – deren Schalen verwenden.

ZITOUN BIL HAMED

WARME OLIVEN MIT ZITRONEN UND KRÄUTERN

Durch die Kombination zweier Sorten ergibt sich eine größere Farb- und Geschmacksvielfalt. Der Salzgehalt der Oliven reduziert sich übrigens, wenn sie gekocht werden; sie schmecken milder.

350 g eingelegte grüne oder schwarze Kalamata-Oliven
1 TL Fenchelsamen
80 ml Olivenöl
2 Knoblauchzehen, fein gehackt
1 Prise Cayennepfeffer
fein geschnittene Schale und Saft einer unbehandelten Zitrone
1 EL fein gehacktes Koriandergrün
1 EL fein gehackte glatte Petersilie

FÜR 4 PERSONEN

DIE OLIVEN abspülen, abtropfen lassen und mit so viel Wasser in einen Topf geben, dass sie bedeckt sind.

ZUM KOCHEN bringen und 5 Minuten garen, dann in ein Sieb abgießen. Beiseitestellen. Fenchelsamen mit Olivenöl in den Topf geben und vorsichtig erhitzen, bis er duftet.

KNOBLAUCH, Oliven, Cayennepfeffer, Zitronenschale und den Saft hinzufügen. Dann 2 Minuten vermengen, bis die Oliven heiß sind.

IN EINE SCHÜSSEL geben und mit Koriander und Petersilie vermischen. Mit heißem knusprigem Brot zum Auftunken des Saftes servieren.

ZITOUN MESLALLA

MARINIERTE OLIVEN

Wo immer Oliven verkauft werden, findet man neben den grünen und schwarzen Sorten auch marinierte Oliven, deren Preisschildchen wegen der Extrazutaten einen kleinen Aufschlag aufweist. Die Zubereitung zu Hause ist einfach, das Ergebnis absolut köstlich.

OLIVEN MIT EINGELEGTER ZITRONE
½ eingelegte Zitrone (s. S. 285)
½ TL fein gehackte rote Chilischote
½ TL gemahlener Kreuzkümmel
2 EL fein gehacktes Koriandergrün
2 EL fein gehackte glatte Petersilie
2 Knoblauchzehen, fein gehackt
2 EL Zitronensaft
125 ml Olivenöl
500 g eingelegte grüne Oliven

HARISSA-OLIVEN
1 rote Paprikaschote oder 2 EL gehackte geröstete rote Paprikaschote
2 TL Harissa (s. S. 286)
2 Knoblauchzehen, fein gehackt
125 ml Olivenöl
500 g schwarze Oliven, vorzugsweise Kalamata

ERGIBT JEWEILS ETWA 500 G

FÜR DIE OLIVEN mit eingelegter Zitrone die eingelegte Zitronenhälfte unter fließendem kaltem Wasser abspülen. Fruchtfleisch und Häute entfernen und die Schale abspülen. Abtropfen lassen und mit Küchenpapier trocken tupfen. Die Zitronenschale sehr fein schneiden und mit Chilischote, Kreuzkümmel, Koriandergrün, Petersilie, Knoblauch und Zitronensaft in eine Schüssel geben. Gründlich verrühren und das Olivenöl unterschlagen. Die grünen Oliven unter fließendem kaltem Wasser abspülen und gut abtropfen lassen. Zur Zitronenmarinade geben, mischen und in saubere Gläser füllen.

FÜR DIE HARISSA-Oliven zunächst die Paprikaschote rösten. Schote vierteln, Samen und weiße Scheidewände entfernen. Stücke möglichst flach ausbreiten und mit der Hautseite nach oben unter einen heißen Grill legen und rösten, bis die Haut schwarz wird und Blasen wirft. Umdrehen und 2–3 Minuten auf der Fleischseite garen. Stücke in eine Plastiktüte geben, Tütenende verdrehen, umschlagen und die Paprika 15 Minuten dampfen lassen. Die geschwärzte Haut abziehen, Paprikastücke trocken tupfen. Eines der Stücke fein hacken – man benötigt 2 EL gehackte gegrillte Paprikaschote. (Rest in Salaten verwenden.) Die gehackte Paprika in einer Schüssel mit Harissa und Knoblauch vermischen, dann das Öl unterschlagen. Die schwarzen Oliven unter fließendem kaltem Wasser abspülen und gründlich abtropfen lassen. Zur Harissa-Marinade geben, vermischen und in saubere Gläser füllen.

DIE GLÄSER verschließen und vor dem Verzehr 1–2 Tage im Kühlschrank durchziehen lassen. Die Oliven 1 Stunde vor dem Essen auf Raumtemperatur bringen. Oliven mit eingelegter Zitrone innerhalb von fünf Tagen, Harissa-Oliven innerhalb von zehn Tagen aufbrauchen.

Zutaten in unterschiedlichen Farb- und Geschmacksnuancen verfeinern diese eingelegten Oliven; geröstete rote Paprikaschoten sind auch in Feinkostläden erhältlich.

BRIOUAT BIL HOUT

FRITTIERTE PASTETCHEN MIT FISCH ODER GARNELEN

Beim Rollen von Filoteig-Pastetchen sollte der Teig so wenig wie nötig berührt werden. Teigblätter aufeinanderschichten und in Streifen schneiden. Ein Teppichmesser eignet sich hervorragend dazu. Feuchte Tücher hingegen können den Teig ruinieren.

FISCH- ODER GARNELEN-FÜLLUNG
250 g grätenfreie Weißfischfilets oder 200 g gekochte Garnelen, geschält und entdarmt
Salz
2 EL fein gehackte glatte Petersilie
1 EL fein gehackte Frühlingszwiebel
1 Knoblauchzehe, zerdrückt
½ TL Paprikapulver
1 Prise gemahlener Kreuzkümmel
1 Prise Cayennepfeffer
1 EL Zitronensaft
1 EL Olivenöl

6 Blätter Filoteig
1 Eiweiß, leicht geschlagen
Öl, zum Frittieren
3 EL Zucker zum Servieren
1 Messerspitze Cayennepfeffer zum Servieren
1 TL gemahlener Zimt zum Servieren

ERGIBT 24 STÜCK

FÜR DIE FISCHFÜLLUNG Fisch mit leicht gesalzenem Wasser bedeckt 4–5 Minuten pochieren, bis das Filet schuppenartig zerfällt. Fisch auf einen Teller heben und mit Frischhaltefolie bedecken, damit er beim Abkühlen nicht austrocknet. Nach dem Kühlen mit einer Gabel leicht zerdrücken. Für die Garnelenfüllung gekochte Garnelen in kleine Stücke schneiden. Fisch oder Garnelen mit den restlichen Zutaten in eine Schüssel geben und gut vermischen.

DIE FILOTEIGBLÄTTER auf ein Schneidebrett schichten und mit Lineal und scharfem Messer abmessen und schneiden, sodass man etwa 12 cm breite und 25–30 cm lange Streifen erhält. Den geschnittenen Teig in ein trockenes Geschirrtuch schlagen oder mit Folie abdecken, damit er nicht austrocknet.

EINEN STREIFEN Filoteig mit der kurzen Seite nach vorne legen und zu einem 6 cm breiten Streifen falten. Einen gehäuften TL der Füllung 2 cm vom Teigrand entfernt daraufsetzen und Teigende diagonal darüberschlagen, sodass ein Dreieck entsteht. Gerade nach oben, dann diagonal zur anderen Seite falten. So fortfahren bis zum Ende des Streifens, dann den Teig leicht mit Eiweiß bestreichen und zum letzten Mal falten. Mit der Naht nach unten auf ein mit einem Geschirrtuch bedecktes Tablett legen, mit einem Tuch abdecken und innerhalb von 10 Minuten frittieren.

DAS ÖL auf 180 °C, oder bis ein Brotwürfel innerhalb von 15 Sekunden bräunt, erhitzen. Vier Pastetchen auf einmal zugeben und goldbraun frittieren; wenden, damit sie gleichmäßig bräunen. Mit einem Schaumlöffel herausheben, auf Küchenpapier abtropfen lassen. Heiß und mit einem Schälchen mit Cayennepfeffer und Zimt gewürztem Zucker servieren.

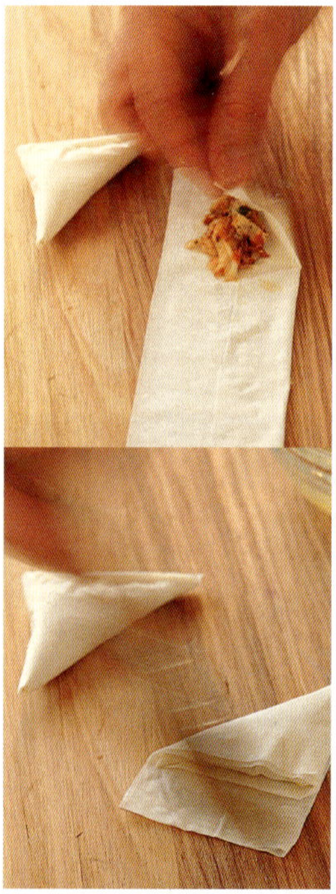

Die gefüllten Pastetchen zu Dreiecken formen. Werden sie frittiert, muss der Teig nicht gebuttert werden.

SHLADA HAMED BIL BASLA WAL MA'DANOUS

FRISCHER ZITRONENSALAT MIT ZWIEBEL UND PETERSILIE

In Marokko serviert man diesen Salat als Auftakt zu einer Mahlzeit. Mit seinem frischen Geschmack ist er auch eine köstliche Beilage zu gegrilltem Fisch, Garnelen und Hähnchen. Probieren Sie ihn auch zu süßem, mit Datteln oder Dörrpflaumen gegartem Fisch.

6 Zitronen
1 kleine rote Zwiebel
1 TL Zucker
3 EL gehackte glatte Petersilie
1 TL Salz
frisch gemahlener schwarzer Pfeffer

FÜR 6–8 PERSONEN

DIE ZITRONEN mit einem scharfen Messer schälen und filieren; darauf achten, dass die weiße Haut und die feinen Membrane entfernt sind und das Fruchtfleisch freigelegt ist. Die Zitronen in 1 cm dicke Scheiben schneiden und Kerne entfernen. Scheiben würfeln und in eine Schüssel geben.

DIE ZWIEBEL halbieren, dann in feine Scheiben schneiden. Zucker, Petersilie und 1 TL Salz zu den Zitronen geben. Mischen und 10 Minuten beiseitestellen.

UNMITTELBAR vor dem Servieren leicht mit frisch gemahlenem schwarzem Pfeffer bestreuen. Mit Fisch oder als erfrischenden, sauren Kontrast zu obsthaltigen Tajines servieren.

Die Zitronen werden geschält, die Haut vollständig entfernt, dann schneidet man sie in Scheiben und in Würfel. Damit der Salat nicht zu sauer wird, eine Zitronensorte mit feiner Säure verwenden.

SHLADA BIL LITCHINE WAT TAMRA

ORANGEN-DATTEL-SALAT

Ein süßsaurer Salat, der zwei von Marokkos beliebtesten Früchten vereint. Da er den Gaumen reinigt, wird er meist zu Beginn einer Mahlzeit serviert. Ohne Minzeblätter und leicht mit Zimt bestäubt ist er auch ein wunderbares Dessert.

6 süße Orangen
2 TL Orangenblütenwasser
8 frische Datteln, entsteint und längs in dünne Scheiben geschnitten
100 g Mandelstifte, leicht geröstet
kleine Minzeblättchen zum Servieren

FÜR 4–6 PERSONEN

OBER- UND UNTERSEITE der Orange kappen. Mit einem scharfen Messer Schalen samt weißer Haut entfernen; dabei durch die Häutchen schneiden, sodass das Fruchtfleisch freiliegt. Die Orange über eine Schüssel halten, um den Saft aufzufangen, und filieren, indem man zwischen die sichtbaren Häutchen sticht und das Fruchtfleisch herausschneidet. Kerne entfernen und die Spalten in die Schüssel geben. Restliche Orange darüber ausdrücken.

DAS ORANGENBLÜTENWASSER hinzufügen und alles behutsam mischen. Mit Klarsichtfolie abdecken und kühl stellen.

DIE ORANGENSEGMENTE und den Saft auf eine große Platte geben und Datteln und Mandeln darüber verteilen. Mit Minzeblättchen bestreuen. Gekühlt servieren.

SHLADA BIL BESBASS WAZ ZITOUN

FENCHEL-OLIVEN-SALAT

2 Fenchelknollen
125 g schwarze Oliven
2 EL Zitronensaft
80 ml bestes Olivenöl
Meersalz und frisch gemahlener schwarzer Pfeffer
2 EL fein gehackte glatte Petersilie
1 TL fein gehackte rote Chilischote, Samen entfernt (nach Belieben)

FÜR 4 PERSONEN

DIE FENCHELKNOLLEN waschen und die äußere Schicht entfernen, falls sie welk oder beschädigt ist. Stiele abschneiden und bis zum unteren Ende in dünne Scheiben schneiden. Das Ende wegwerfen.

DEN FENCHEL in eine flache Schüssel geben und schwarze Oliven darüber verteilen. Zitronensaft und Olivenöl in einem Krug verschlagen. Salz, Pfeffer und Petersilie zugeben.

NACH BELIEBEN Chilischote zugeben. Gut mischen und vor dem Servieren über Fenchel und Oliven gießen. Vorsichtig durchheben.

FENCHEL-OLIVEN-SALAT

ORANGEN-DATTEL-SALAT

DIE TAJINE Vor Töpferwerkstätten aufgereihte Terracotta-Tajines sind in Marokko ein vertrauter Anblick. Die *tajine slaoui* ist ein niedriger, glasierter Tonkochtopf, der auf einem *majmar*, einer Holzkohlenpfanne aus unglasiertem Ton, steht. Der Deckel zeichnet sich durch seine typische Kegelform mit rundem Griff als Abschluss aus, mit dem er sich leicht anheben lässt.

TAJINES

Findige Berber schufen vor Jahrhunderten die Tajine – so heißt sowohl der Topf als auch die darin zubereitete Speise. Aus Ton hergestellt, hängt ihre Farbe von der Erde der jeweiligen Region ab. Oft werden vor dem Brennen Muster eingeritzt.

In einer kleinen *tajine slaoui* kann man für eine Person, in einer großen für mehr als ein Dutzend Leute kochen. Das Kochgeschirr ist dabei glasiert, während die Deckel gewöhnlich innen unglasiert, außen jedoch farbig glasiert sind, was sie besonders dekorativ macht. Beim Garen kondensiert der Dampf im konischen Deckel, tropft aufs Essen zurück und verhindert so, dass es trocken wird. Der Griff am Deckel ist praktisch. So kann man ihn nicht nur gut mit einer Hand hochheben, während man mit der anderen rührt, sondern kann auch den Löffel darauf ablegen. Außerdem können Tajines als Brotkasten und ihr Unterteil als Obstschale verwendet werden. Wer keine Tajine besitzt – auch im Römertopf gelingen die Gerichte.

In modernen Küchen wird das Essen häufig in einem Topf oder Dampfkochtopf gegart und dann in einer schön verzierten Tajine serviert. Der untere Teil der Tajine ist flach, damit man beim Essen auf marokkanische Art mit Daumen und den ersten zwei Fingern leicht zugreifen kann. Die Etikette verlangt dabei, dass man nur von dem direkt vor einem befindlichen Teil der Tajine isst. Bei einer Einladung kann es sein, dass der Gastgeber dem Gast zuweilen einen besonders schmackhaften Bissen zuschiebt.

EINE TRADITIONELLE TAJINE Eine *chermoula*-artige Mischung aus Kräutern, Zwiebeln und Knoblauch, wird mit Gewürzen, Salz, Pfeffer und Öl auf den Tajine-Boden gegeben. Gehackte Fleisch- oder Hähnchenstücke werden hinzugefügt, in den Gewürzen gewendet; dann lässt man sie eine Weile ziehen. Manche Köche braten Zwiebel und Knoblauch lieber in Öl an und fügen Kräuter und Gewürze hinzu; dann wird das

Tajines im Hof eines Restaurants (oben links), die langsam auf ihren eisernen Holzkohlenpfannen (*canoun*) schmoren. Im Hof eines Hauses köchelt eine Tajine auf einem *majmar*, während der Rührlöffel auf dem Deckelknauf ruht (Mitte); die fertige Tajine (rechts) ist servierbereit; der Deckel wird wieder aufgelegt, damit sie heiß bleibt.

EINE TAJINE VORBEREITEN

Vor der ersten Benutzung muss eine Tajine vorbereitet werden, da sie sonst bei der ersten Verwendung reißen könnte. Dadurch verschwindet auch der Tongeruch des unglasierten Deckelinnern. Obwohl dies gewöhnlich auf der Holzkohlenpfanne geschieht, eignet sich ein Backofen noch besser dazu. Zunächst sollte geprüft werden, ob die Tajine in den Ofen passt. Dann die Röhre auf 150 °C vorheizen. Die neue Tajine samt Deckel waschen und abtrocknen. In den unteren Teil eine geschälte, grob gehackte Zwiebel, 2 grob gehackte Karotten, 2 ganze Knoblauchzehen, 1 Lorbeerblatt und 2–3 EL Olivenöl geben. Fast randvoll mit Wasser füllen. Abdecken und 40 Minuten in den vorgeheizten Ofen stellen. Inhalt wegwerfen, die Tajine in heißer Seifenlauge waschen und gründlich abtrocknen. Beim Garen auf dem Herd – Gas oder der Platte eines Elektroherds – sind niedrige Temperaturen ratsam.

Fleisch darin gewendet, bis es fest wird und sich die Fleischporen schließen. Wasser ist die letzte Zutat: Die Tajine wird abgedeckt auf dem Holzkohlenfeuer gegart, bis das Fleisch beinahe gar ist. Das Gemüse wird vorbereitet und je nach Garzeit hinzugefügt. Eine Tajine kann bis zu 2 ½ Stunden garen, bis das Fleisch geradezu vom Knochen fällt und beim Essen mit den Fingern leicht zu zerteilen ist.

SHLADA BIL KHIZOU WAL LITCHINE

KAROTTEN-ORANGEN-SALAT

Die Kombination aus Karotte und Orange beschränkt sich nicht auf die marokkanische Küche. Manche Köche entsaften die Orangen, raspeln die Möhren und mixen beides mit den restlichen Zutaten zu einem dicken Püree. Man trinkt es aus kleinen Gläsern.

3 süße Orangen
500 g Karotten
2 EL Zitronensaft
1 TL gemahlener Zimt, plus Zimt zum Servieren
1 EL Zucker
1 EL Orangenblütenwasser
1 Prise Salz
kleine Minzeblättchen zum Servieren

FÜR 6 PERSONEN

OBER- UND UNTERSEITEN der Orangen kappen. Mit einem scharfen Messer schälen, die weiße Haut vollständig entfernen und durch die dünnen Häutchen schneiden, um das Fruchtfleisch freizulegen. Orange über eine Schüssel halten, um den Saft aufzufangen, und filieren, indem man zwischen die Häutchen sticht und das Fruchtfleisch herauslöst. Kerne entfernen und die Spalten in die Schüssel geben. Orangenreste auspressen. Den Saft in eine andere Schüssel gießen.

MIT EINEM SCHARFEN Messer Karotten schälen und in Juliennestreifen schneiden. In die Schüssel zu dem Orangensaft geben. Zitronensaft, Zimt, Zucker, Orangenblütenwasser und 1 kleine Prise Salz hinzufügen. Gut umrühren, damit sich die Aromen verbinden. Karottenmischung und Orangen abdecken und bis zum Verzehr kühl stellen.

VOR DEM SERVIEREN den Saft abgießen, der sich in der Orangenschüssel angesammelt hat, und die Orangenspalten um den Rand einer Servierplatte legen. Karotten-Juliennestreifen in der Mitte aufhäufen und mit Minzeblättchen bestreuen. Die Orangen leicht mit Zimt bestäuben.

Mit einem scharfen Messer schneidet man die Möhre in Juliennestreifen; noch besser funktioniert das mit einem Gemüsehobel mit Julienne-einsatz oder einer speziellen Juliennereibe.

ZAALOOK

WARMER AUBERGINENSALAT

Knuspriges Brot dazu – und der Salat ist die perfekte Vorspeise. Sofern die Auberginen glänzen, relativ schwer sind und bei Druck nachgeben, sind sie noch nicht überreif, folglich nicht bitter – und man kann sich das vorherige Salzen ersparen.

2 Auberginen à 450 g
Salz
3 Tomaten
Olivenöl zum Frittieren
2 Knoblauchzehen, fein gehackt
1 TL Paprikapulver
½ TL gemahlener Kreuzkümmel
1 Prise Cayennepfeffer oder nach Geschmack
2 EL fein gehacktes Koriandergrün
2 ½ EL Zitronensaft
Meersalz und frisch gemahlener schwarzer Pfeffer
½ eingelegte Zitrone (s. S. 285) nach Belieben oder frische Zitronenscheiben zum Servieren

FÜR 6–8 PERSONEN

MIT DEM Gemüseschäler 1 cm breite Streifen von der Aubergine abschälen. Die Auberginen in 2 cm breite Scheiben schneiden, mit Salz bestreuen und in ein Sieb schichten. 20–30 Minuten stehen lassen, dann unter kaltem Wasser abspülen. Abtropfen lassen, leicht ausdrücken und mit Küchenpapier trocken tupfen.

DIE TOMATEN häuten (s. S. 88), quer halbieren, die Samen herausdrücken. Fruchtfleisch hacken und beiseitestellen.

OLIVENÖL 5 mm hoch in eine Pfanne gießen und erhitzen. Die Auberginenscheiben darin nacheinander von beiden Seiten bräunen und auf einem Teller beiseitestellen. Nach Bedarf Öl hinzufügen.

MIT DEM RESTLICHEN Öl den Knoblauch bei schwacher Hitze kurz dünsten. Tomaten, Paprika, Kreuzkümmel und Cayennepfeffer hinzufügen und Temperatur auf mittlere Hitze erhöhen. Auberginen zugeben, braten und Auberginen sowie Tomaten leicht mit der Gabel zerdrücken. Weitergaren, bis der Großteil der Flüssigkeit eingekocht ist. Falls sich Öl absetzt, überschüssiges Öl abgießen, jedoch nicht alles, da Öl dem Gericht Aroma verleiht. Koriander und Zitronensaft hinzufügen und mit frisch gemahlenem schwarzem Pfeffer und, falls nötig, auch etwas Salz abschmecken. In eine Servierschüssel geben.

BEI VERWENDUNG eingelegter Zitrone diese unter fließendem kaltem Wasser abspülen, Fruchtfleisch und Haut entfernen. Schale in kleine Stücke hacken und den Auberginensalat damit bestreuen oder aber mit frischen Zitronenscheiben garnieren. Warm oder bei Raumtemperatur und mit einem festen Weißbrot servieren.

Durch teilweises Schälen der Auberginen zerfallen sie besser und man hat keine langen Hautstreifen im Salat. Die Zutaten nur soweit zerdrücken, dass sich das Gemüse verbindet, es aber trotzdem noch stückig bleibt.

COQUE BIL FUL

ARTISCHOCKEN MIT DICKEN BOHNEN

Artischocken und Dicke Bohnen tauchen gleichzeitig auf den Märken auf, doch die Bohnen schmecken ganz jung am besten. Reife Dicke Bohnen sollten vor dem Garen abgezogen werden. Das Wildkraut Bakoula lässt sich durch Brunnenkresse ersetzen.

1 Zitrone
4 Artischocken
3 EL Olivenöl
1 weiße Zwiebel, fein gehackt
2 Knoblauchzehen, fein gehackt
2 EL gehackte glatte Petersilie
2 EL gehacktes frisches Fenchelgrün
1 kg frische Dicke Bohnen, enthülst
Meersalz und frisch gemahlener schwarzer Pfeffer
3 große Handvoll gewaschene Brunnenkresse
1 eingelegte Zitrone (s. S. 285)
Fenchelzweige oder gehacktes Fenchelgrün zum Servieren

FÜR 4–6 PERSONEN

DIE ZITRONE halbieren und den Saft einer Hälfte in eine Schüssel mit kaltem Wasser geben. Mit der restlichen Zitronenhälfte später die Schnittflächen der Artischocken einreiben.

ARTISCHOCKENSTIEL nahe dem Boden kappen, obere 10 cm des Stiels abschneiden, Rest wegwerfen. Nun 4–5 Schichten der äußeren Artischockenblätter abreißen und wegwerfen. Dort, wo die Blätter entfernt wurden, vorsichtig um den Boden herumschneiden. Nach jedem Schnitt Schnittfläche mit Zitrone einreiben. Oberes Viertel der Artischocke abschneiden und wegwerfen, halbieren, das »Heu« mit einem Teelöffel herauskratzen und erneut halbieren. In Zitronenwasser geben. Fasrige Schicht vom Stängel abschälen, quer halbieren und in die Schüssel geben.

DAS ÖL in einem großen Topf bei mittlerer Temperatur erhitzen. Zwiebel hinzufügen und in etwa 5 Minuten weich dünsten. Knoblauch zugeben, kurz braten, Kräuter, abgetropfte Artischocken und die Stiele einrühren. Alles 2 Minuten garen, dann frische Dicke Bohnen und 750 ml Wasser dazugeben. Mit Meersalz und frisch gemahlenem schwarzem Pfeffer abschmecken und zum Kochen bringen, dann Hitze reduzieren und teilweise bedeckt 15 Minuten köcheln lassen.

INZWISCHEN die Brunnenkresse grob hacken. Fruchtfleisch und Häute der eingelegten Zitrone entfernen. Schale abspülen, in Streifen schneiden und ein Viertel zum Garnieren beiseitestellen. Brunnenkresse und restliche Zitronenstreifen zu den Artischocken geben und ohne Deckel weitere 10–15 Minuten garen, bis die Artischocken und Bohnen zart sind. Gegen Ende der Garzeit die Temperatur erhöhen und die Flüssigkeit auf etwa die Hälfte reduzieren. Auf eine flache Servierschüssel geben, mit restlichen Zitronenstreifen und Fenchelzweigen oder gehacktem Fenchelgrün bestreuen. Mit Brot servieren.

Obere Enden der Artischocken abschneiden, halbieren und Heu mit einem Löffel entfernen.

MEZGHALDI B'BASLA BIL BOUDENJAL

KARAMELLISIERTE ZWIEBELN MIT GEGRILLTEN AUBERGINEN

Diese würzigen, karamellisierten Zwiebeln werden gewöhnlich für sich als Vorspeise serviert, können aber auch von gegrillten Auberginen begleitet werden. Beides bietet sich auch als leckere Beilage zu gegrilltem Lamm oder Hähnchen an.

4 Zwiebeln
100 ml Olivenöl
1 Prise gemahlene Safranfäden
1 TL gemahlener Ingwer
1 TL gemahlener Zimt
½ TL gemahlener Piment
1 ½ EL Honig
Meersalz und frisch gemahlener schwarzer Pfeffer
600 g lange dünne Auberginen

FÜR 4 PERSONEN

DIE ZWIEBELN längs halbieren und in schmale Streifen schneiden. In eine Pfanne geben, mit kaltem Wasser bedecken und zum Kochen bringen. Abdecken und 5 Minuten köcheln lassen. Zum Abtropfen in ein Sieb geben.

ZUNÄCHST 2 EL des Olivenöls in die Pfanne geben und bei schwacher Hitze Safran, Ingwer, Zimt und Piment einrühren. Die Gewürze 1 Minute braten, dann Temperatur auf mittlere Hitze heraufschalten und die Zwiebel erneut in die Pfanne geben. Honig und 375 ml Wasser hinzufügen und mit Meersalz und frisch gemahlenem schwarzem Pfeffer abschmecken. Gut umrühren, Temperatur reduzieren, abdecken und 40 Minuten köcheln, dann den Deckel abnehmen und 10 Minuten weiterköcheln, bis der Großteil der Flüssigkeit verdampft ist.

AUBERGINEN waschen und abtrocknen. Die grünen Stiele belassen und die Frucht der Länge nach halbieren. Alle Auberginenhälften mit dem restlichen Öl rundum bepinseln. Danach in einer Grillpfanne oder auf einem Grill 3–4 Minuten von beiden Seiten garen, bis sie zart sind; darauf achten, dass sie nicht verbrennen.

DIE AUBERGINEN mit der Schnittseite nach oben auf eine Platte oder auf einzelne Teller legen und leicht salzen. Zwiebel daraufhäufen und mit dem Gewürzsud aus der Pfanne begießen. Heiß oder warm, mit knusprigem Brot oder als Beilage zu Hähnchen oder Grillfleisch servieren.

Schlanke Auberginen wählen, damit sie – längs halbiert – nicht zu dick sind.

GAR'A HAMRA

KÜRBISPÜREE

Diese Berberspezialität des Mittleren Atlas wird am ersten Tag nach Ende des Ramadan zubereitet und zu Hähnchen-Tajines serviert. Normalerweise kocht und frittiert man den Kürbis, doch da er rasch breiig wird, ist die folgende Methode vorzuziehen.

750 g Winterkürbis, vorzugsweise Butternusskürbis
2 EL Pflanzenöl
¾ EL *ras el hanout* (s. S. 286)
1 EL Zitronensaft
½ TL fein gehackte Schale einer unbehandelten Zitrone
Meersalz und frisch gemahlener schwarzer Pfeffer
1–2 EL Honig
2 TL geröstete Sesamsamen

FÜR 4–6 PERSONEN

KÜRBIS schälen, Samen entfernen und Fruchtfleisch in 2 cm große Würfel schneiden. Mit 2 EL Öl in eine Backform geben und darin wenden.

ZITRONENSAFT und Schale vermischen und über den Kürbis gießen. Mit *ras el hanout* bestreuen, mit Meersalz und frisch gemahlenem schwarzem Pfeffer würzen und mit Honig beträufeln.

IM AUF 200 °C vorgeheizten Ofen 35 Minuten rösten, dabei gelegentlich mit einem Spatel bewegen. Im Backgeschirr zu einem Püree zerstampfen. Mit Sesamsamen bestreuen und warm servieren.

GAR'A SHLADA BIL HAMED MARKAD

WARMER KÜRBISSALAT MIT EINGELEGTER ZITRONE

In der Kombination aus süßem Kürbis und saurer, eingelegter Zitrone, auf marokkanische Weise gewürzt, offenbart sich die Genialität der marokkanischen Köche. Traditionell ist der Salat eine Vorspeise – schmeckt aber auch als Beilage zu Huhn.

1 kg Winterkürbis, vorzugsweise Butternusskürbis
1 eingelegte Zitrone (s. S. 285)
3 EL Olivenöl
1 Zwiebel, gerieben
½ TL gemahlener Ingwer
½ TL gemahlener Kreuzkümmel
1 TL Paprikapulver
2 EL gehackte glatte Petersilie
2 EL gehacktes Koriandergrün
1 EL Zitronensaft
Meersalz und frisch gemahlener schwarzer Pfeffer

FÜR 4 PERSONEN

KÜRBIS SCHÄLEN, Samen entfernen und Fruchtfleisch in 2 cm große Stücke schneiden. Beiseitestellen. Fruchtfleisch der eingelegten Zitrone entfernen, Schale abspülen, würfeln und beiseitestellen.

OLIVENÖL in einer großen Pfanne mit Deckel bei mittlerer Temperatur erhitzen und Zwiebel hinzufügen. Dann 3 Minuten garen, Ingwer, Kreuzkümmel, Paprika einrühren und kurz mitbraten. Kürbis, Petersilie, Koriander, Zitronensaft, eingelegte Zitrone, 125 ml Wasser, Meersalz und frisch gemahlenen schwarzen Pfeffer zugeben. Deckel auflegen und bei schwacher Hitze in 20 Minuten weich köcheln; dabei gelegentlich mit einem Spatel wenden oder, falls nötig, etwas Wasser hinzufügen. Als Vorspeise warm, als Beilage heiß servieren.

WARMER KÜRBISSALAT MIT EINGELEGTER ZITRONE

DJEJ M'CHERMEL

HÄHNCHEN MIT EINGELEGTER ZITRONE UND OLIVEN

Diese Komposition aus Hähnchen, Zitrone und Oliven, die normalerweise auf Banketten serviert wird, gehört zu den marokkanischen Klassikern. Sollten die grünen Oliven mit Stein bitter schmecken, muss man sie 5 Minuten in kochendem Wasser blanchieren.

¼ eingelegte Zitrone (s. S. 285)
3 EL Olivenöl
1 Hähnchen à 1,5 kg
1 Zwiebel, gehackt
2 Knoblauchzehen, gehackt
600 ml Hühnerfond
½ TL gemahlener Ingwer
1 ½ TL gemahlener Zimt
1 Prise Safranfäden
100 g grüne Oliven
2 Lorbeerblätter
2 Hähnchenlebern
3 EL gehacktes Koriandergrün

FÜR 4 PERSONEN

DIE EINGELEGTE ZITRONE unter fließendem kaltem Wasser abspülen, Fruchtfleisch und Häute entfernen und wegwerfen. Schale abspülen, mit Küchenpapier trocken tupfen und in Streifen schneiden. Beiseitestellen.

DEN OFEN auf 180 °C vorheizen. In einer großen Pfanne 2 EL des Olivenöls erhitzen, Hähnchen hinzufügen und von allen Seiten anbraten. In eine tiefe Auflaufform setzen.

IN DER PFANNE das restliche Öl bei mittlerer Temperatur erhitzen, Zwiebel und Knoblauch hinzufügen und 5 Minuten braten, bis die Zwiebel weich ist. Den Hühnerfond, Ingwer, Zimt, Safranfäden, Oliven, Lorbeerblätter und die eingelegten Zitronenstreifen dazugeben. Gut rühren, dann die Sauce um das Fleisch herum in die Auflaufform gießen. In etwa 1 ½ Stunden garen und – sollte die Sauce zu stark verdampfen – etwas Wasser hinzufügen. Das Hähnchen während des Garens regelmäßig mit Sauce begießen.

DAS HÄHNCHEN aus dem Bratgeschirr nehmen, mit Alufolie abdecken und ruhen lassen. Die Sauce in eine Pfanne gießen und bei mittlerer Temperatur erhitzen. Hähnchenlebern hinzufügen, während des Garens zerdrücken. Etwa 5–6 Minuten kochen, bis die Sauce reduziert und eingedickt ist. Dann das gehackte Koriandergrün zur Sauce geben. Das Hähnchen in Stücke schneiden und mit der Sauce servieren.

Das Hähnchen in einer beschichteten Pfanne mit der Haut anbraten. In derselben Pfanne wird, nachdem das Hähnchen gegart ist, auch die Sauce fertiggestellt.

DJEJ BIL KSEKSOU

BRATHÄHNCHEN MIT COUSCOUSFÜLLUNG

Marokkanische Köchinnen dämpfen gefüllte Hähnchen meist oder garen sie in einer Tajine. Um das Hähnchen zu bräunen, heben sie es dann aus der Sauce, und braten es in einer Pfanne ringsum an. Im folgenden Rezept wird das Brathähnchen im Ofen gegart.

1 Hähnchen à 1,5 kg
Meersalz und frisch gemahlener schwarzer Pfeffer
2 TL Paprikapulver
30 g weiche Butter
250 ml Hühnerfond

FÜLLUNG
140 g Couscous
40 g Rosinen
30 g Butter, in Würfel geschnitten
1 EL Honig
½ TL gemahlener Zimt
40 g blanchierte Mandeln, leicht geröstet

FÜR 4–6 PERSONEN

DEN OFEN auf 180 °C vorheizen. Bauchhöhle des Hähnchens ausspülen und mit Küchenpapier trocken tupfen. Außen mit Salz, Pfeffer und Paprika bestreuen und kräftig in die Haut reiben.

FÜR DIE FÜLLUNG den Couscous in eine Glas- oder Keramikauflaufform mit Deckel geben und Rosinen, Butter, Honig und Zimt untermischen. Dann 125 ml kochendes Wasser darübergießen, gut umrühren und beiseitestellen, bis das Wasser absorbiert ist. Mit einer Gabel auflockern, um Klumpen zu zerteilen, Mandeln hinzufügen, abdecken und 1 ½ Minuten bei höchster Stufe in die Mikrowelle stellen. Oder aber der Packungsanweisung für den Couscous folgen, aber mit den nebenstehenden Zutaten zubereiten.

DAS HÄHNCHEN locker mit der Couscousmischung füllen. Beine zusammenbinden und Flügel darunter stecken. Übrige Füllung aufbewahren.

DEN BODEN eines Bräters mit etwas weicher Butter bestreichen. Hähnchen mit der Brustseite nach oben hineinsetzen, restliche Butter darüber verteilen und den Fond in den Bräter gießen. Unter häufigem Begießen 1 ½ – 1 ¾ Stunden garen. Auf eine Platte heben, locker mit Alufolie abdecken und vor dem Tranchieren 15 Minuten an einem warmen Ort ruhen lassen. Der im Bräter verbliebene Bratensaft kann abgeseiht und über das Hähnchen gegossen werden. Die restliche Couscousfüllung erhitzen und zum Hähnchen servieren.

Hähnchen mit Salz und Paprika einreiben und nach dem Füllen dressieren. Vor dem Tranchieren ruhen lassen.

DJEJ MAFOUAR BIL ROZZ

GEDÄMPFTES HÄHNCHEN MIT REISFÜLLUNG

Meist füllt man gedämpftes Hähnchen mit *sheriya*, selbst gemachten Nudeln. Hier jedoch wird eine Reisfüllung aus dem spanisch beeinflussten Norden verwendet. Das Hähnchen wird so weich gedämpft, dass man es leicht mit den Fingern essen kann.

1 Hähnchen à 1,5 kg, vorzugsweise aus Freilandhaltung
Salz
2 Lorbeerblätter
3–4 Stängel Petersilie
2 Knoblauchzehen, ungeschält und zerdrückt
1 EL Kreuzkümmelsamen
1 EL Butter oder *smen* (s. S. 282)

REISFÜLLUNG
120 g Kurzkornreis
2 EL Olivenöl
1 Zwiebel, gehackt
2 Tomaten, gehäutet, Samen entfernt und gehackt
2 EL gehackte glatte Petersilie
2 TL gehackte frische Minze
½ TL Paprikapulver
1 Prise Cayennepfeffer
200 ml Hühnerfond
1 EL Salz, mit 2 TL gemahlenem Kreuzkümmel vermischt, zum Servieren

FÜR 4–6 PERSONEN

BAUCHHÖHLE des Hähnchens ausspülen und mit Küchenpapier trocken tupfen. Mit Salz einreiben.

FÜR DIE REISFÜLLUNG den Reis in einem Sieb waschen, bis das Wasser klar bleibt. Abtropfen lassen. Öl und Zwiebel in einem Topf bei mittlerer Temperatur 5 Minuten garen. Reis hinzufügen und 2 Minuten unter Rühren mitbraten. Tomaten, Petersilie, Minze, Paprika, Cayennepfeffer und den Fond einrühren und zum Kochen bringen. Abdecken und bei schwacher Hitze 8 Minuten köcheln, bis alle Flüssigkeit verdampft ist. Füllung abkühlen lassen, Hähnchen locker damit füllen und Beine zusammenbinden. Restliche Füllung kühl stellen.

EINEN GROSSEN TOPF mit Dämpfaufsatz zu drei Vierteln mit Wasser füllen und Lorbeerblätter dazugeben. Der Aufsatz darf das Wasser nicht berühren. Zum Kochen bringen. Boden des Aufsatzes mit den Petersilienstängeln und dem Knoblauch auslegen und das Hähnchen daraufsetzen. Hähnchen mit einem gefalteten Stück Musselin (Seihtuch) abdecken. Streifen aus Alufolie um den Rand des Topfes falten, Aufsatz mit dem Hähnchen daraufsetzen, und Folie nach unten pressen, damit kein Dampf entweichen kann. Aufsatz mit Deckel verschließen.

WASSER AUF Siedetemperatur halten und Hähnchen 1 ½ Stunden dämpfen. Während der ersten Stunde den Deckel nicht heben. Nach 1 ¼ Stunden die verbliebene Reisfüllung auf einem gefetteten Stück Alufolie neben das Hähnchen legen. Weitere 15 Minuten dämpfen und prüfen, ob das Fleisch gar ist. Auf eine Servierplatte legen und Reisfüllung daneben häufen. Kreuzkümmelsamen in einer Pfanne rösten, bis er duftet, dann Butter oder *smen* zugeben, schmelzen und über das Hähnchen gießen. Mit dem Salz-Kreuzkümmel-Gemisch zum Nachwürzen servieren.

Die verschnürten Beine sorgen für eine schönere Form und halten die Füllung an Ort und Stelle. Die Folie verhindert, dass Dampf entweicht.

TAJINE DJEJ BIL MACHMACH

HÄHNCHEN-TAJINE MIT APRIKOSEN

Hähnchen wird in Marokko meist ganz oder in Stücke zerteilt zubereitet. Für dieses Gericht jedoch verwendet man, um die Garzeit zu verkürzen, entbeinte, enthäutete Hähnchenbrust. Wenn es keine frischen Aprikosen gibt, sind Dosenfrüchte ein guter Ersatz.

4 Hähnchenbrüste à 175 g, enthäutet und entbeint
40 g Butter
1 TL gemahlener Zimt
1 TL gemahlener Ingwer
1 Prise frisch gemahlener schwarzer Pfeffer
1 Messerspitze Cayennepfeffer
1 Zwiebel, in Scheiben geschnitten
250 ml Hühnerfond
6 Stängel Koriandergrün, zu einem Bukett gebunden, sowie etwas mehr zum Garnieren
Meersalz und frisch gemahlener schwarzer Pfeffer
500 g frische Aprikosen oder 1 Dose Aprikosenhälften im eigenen Saft (à 400 g)
2 EL Honig
Couscous zum Servieren (s. S. 278)
2 EL Mandelsplitter, geröstet

FÜR 4 PERSONEN

HÄHNCHENBRUST von Fett und Knorpeln befreien. Butter in einer großen Pfanne zerlassen. Gewürze zugeben und bei schwacher Hitze 1 Minute rühren. Hitze auf mittlere Temperatur schalten und Hähnchenbrüste hinzufügen. In der Butter wenden und 1 Minute von jeder Seite sautieren.

ZWIEBEL um die Hähnchenstücke verteilen und 5 Minuten braten; dabei das Fleisch wenden. Hühnerfond und das Sträußchen aus Koriandergrün hinzufügen und gegebenenfalls mit Meersalz und frisch gemahlenem schwarzem Pfeffer abschmecken. Hitze reduzieren, Deckel auflegen und 5 Minuten köcheln; dabei das Fleisch einmal wenden.

FRISCHE APRIKOSEN waschen und halbieren, Dosenfrüchte abtropfen lassen. Mit der Schnittseite nach unten um das Fleisch legen und mit Honig beträufeln. Deckel auflegen und 7–8 Minuten köcheln; nach 5 Minuten Aprikosen wenden. Fleisch auf einen Teller legen, abdecken und 2– 3 Minuten ruhen lassen. Schräg in Scheiben schneiden.

DEN COUSCOUS nach Anweisung zubereiten, auf Servierteller geben und einige Hähnchenscheiben daraufsetzen. Korianderbukett aus der Sauce fischen. Sauce und Aprikosen über das Fleisch schöpfen. Mit Mandeln und frischem Koriandergrün garnieren und heiß servieren.

Hähnchenbrustfilets in der heißen Gewürzbutter anbräunen. Frische Aprikosen nur einmal gegen Ende der Garzeit wenden, damit sie nicht zerfallen.

Butter und *ras el hanout* erhitzen, bis die Mischung duftet, dann die Hähnchenbrüste dazugeben; dabei darauf achten, dass die Gewürze nicht verbrennen. Gewürze und Dörrpflaumen ergänzen einander.

DJEJ BIL RAS EL HANOUT WAL BARKOUK

GEWÜRZTE HÄHNCHENBRUST MIT DÖRRPFLAUMEN

Die besondere marokkanische Gewürzmischung *ras el hanout* sowie Rosenwasser verleihen diesem Gericht sein spezielles Aroma. Aufgrund moderner Konservierungsverfahren müssen Dörrpflaumen heute nicht mehr eingeweicht werden.

30 g Butter
1 ½ TL *ras el hanout* (s. S. 286)
4 Hähnchenbrustfilets à 175 g
1 Zwiebel, in Scheiben geschnitten
250 ml Hühnerfond
150 g entsteinte Dörrpflaumen
3 TL Honig
3 TL Zitronensaft
3 TL Rosenwasser
Couscous zum Servieren (s. S. 278)

FÜR 4 PERSONEN

DIE BUTTER in einer großen Deckelpfanne zerlassen. *Ras el hanout* zugeben und bei schwacher Hitze kurz rühren. Auf mittlere Hitze schalten, die Hähnchenbrustfilets dazugeben und 1 Minute von jeder Seite anbraten, ohne die Gewürze verbrennen zu lassen. Die Fleischstücke aus der Pfanne heben.

ZWIEBEL in die Pfanne geben und bei mittlerer Hitze in etwa 5 Minuten weich dünsten. Den Hühnerfond zugießen und die Dörrpflaumen, Honig, Zitronensaft und Rosenwasser hinzufügen. Deckel auflegen und bei schwacher Temperatur 10 Minuten köcheln lassen.

DIE HÄHNCHENBRUSTFILETS in die Pfanne zurückgeben, abdecken und 15 Minuten sanft köcheln, bis das Fleisch gar und zart ist. Die Hähnchenbrüste schräg in Scheiben schneiden und mit der Pflaumensauce und gedämpftem Couscous servieren.

MÉCHOUI

GESCHMORTES LAMM MIT KREUZKÜMMEL

Das traditionelle *méchoui* ist ein im Ofen geschmorter Lammbraten. Für diese Variante wird Lammkeule verwendet; das Vorderviertel kann man auch zubereiten. Während die Hitze zu Beginn hoch ist, sollte das Fleisch langsam im Ofen gegart werden.

2,5 kg Lammkeule (mit Knochen)
70 g weiche Butter
3 Knoblauchzehen, zerdrückt
2 TL gemahlener Kreuzkümmel
3 TL gemahlener Koriander
1 TL Paprikapulver
1 Prise Salz
1 EL gemahlener Kreuzkümmel zum Servieren
1 ½ TL grobes Salz zum Servieren

FÜR 6 PERSONEN

DEN OFEN auf 220 °C vorheizen. Mit einem kleinen scharfen Messer oben und an der Seite kleine, tiefe Einschnitte ins Fleisch vornehmen.

IN EINER SCHÜSSEL Butter, Knoblauch, Gewürze und 1 Prise Salz zu einer glatten Paste verarbeiten. Die Keule zunächst mithilfe eines Löffelrückens ringsum damit einreiben, dann mit den Fingern; darauf achten, dass die gesamte Keule mit der Paste überzogen ist.

DAS FLEISCH mit der Knochenseite nach unten in einen tiefen Bräter legen und auf die obere Backofenschiene schieben. Zunächst 10 Minuten backen, dann mit Bratensaft begießen und auf die mittlere Ofenschiene setzen. Die Temperatur auf 160 °C reduzieren. Dann 3 ¼ Stunden braten und alle 20–30 Minuten begießen, damit das Fleisch zart und aromatisch bleibt, Fleisch in dicke Stücke schneiden. Den zusätzlichen Kreuzkümmel mit grobem Salz vermischen und zum Fleisch reichen, sodass nach Geschmack nachgewürzt werden kann.

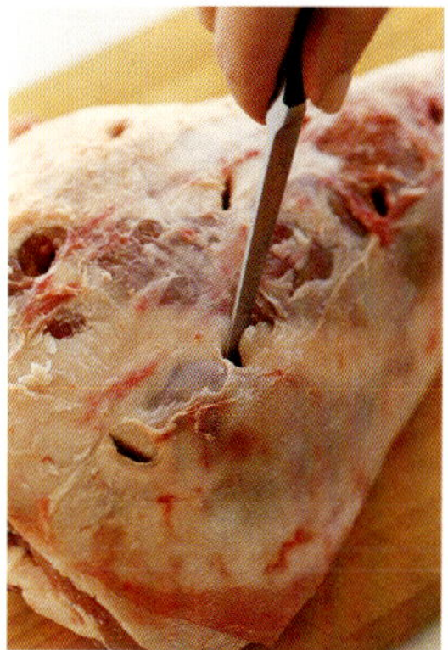

Tiefe Einstiche machen, damit die Butter-Gewürz-Mischung gut ins Fleisch einzieht.

170
120
100

SHURGARD
SELF-STORAGE
80

GRUNDNAHRUNGSMITTEL DER WÜSTE Teller mit Datteln (oben links) an einem Stand, der *harira* (Lamm-Kichererbsen-Suppe) verkauft – sie sind die traditionellen Begleiter dieser Suppe. Zwei der vielen handelsüblichen Dattelsorten im Souk (unten links), dessen Angebot Koch- und Tafeldatteln umfasst. Dattelpalmen (rechts) gedeihen vor den Mauern von Marrakesch, einer für den Dattelanbau idealen Region.

DATTELN

Nach einem marokkanischen Sprichwort müssen Dattelpalmen den Kopf im Feuer und die Füße im Wasser haben – sie brauchen die heiße Sonne für die Süße ihrer Früchte und das Grundwasser für ihr Wachstum. Die Dattelfrüchte versorgten jahrtausendelang die Nomaden der Wüste.

Die Dattelpalme ernährt auch noch heute Menschen, die auf traditionelle Art und Weise leben. Dorf- und Stadtbewohner schätzen ihre Früchte gleichermaßen. Für Nomaden, die ihre Nahrungsmittel mit sich führen müssen, ist sie unverzichtbar: Sie liefert wegen des hohen Zuckergehalts nicht nur sofort Energie, sondern nebenbei auch noch Proteine, Vitamine und Mineralien. Der Prophet Mohammed soll Datteln mit Milch zum Fastenbrechen im Ramadan empfohlen haben. Ein Brauch, an den sich noch heute viele Marokkaner halten, wenn man mittlerweile auch die mit Kichererbsen und Suppennudeln verstärkte und mit Datteln und Honiggebäck servierte *harira*-Suppe bevorzugt. Datteln werden häufig in Tajines und als Fischfüllung verwendet. Frische Datteln müssen ein Jahr lang reifen, und angeboten werden sie im Dezember,

Getrocknete Früchte und Nüsse (oben) im Souk. Neben verschiedenen Dattelsorten gibt es Rosinen, Aprikosen und Dörrpflaumen zum Kochen und Naschen, getrocknete Bananenscheiben, Mandeln, Cashewnüsse, Erdnüsse in Schale, Kürbiskerne und an getrockneten Palmwedeln aufgereihte Trockenfeigen. Hausfrauen stocken hier ihre Vorräte auf, für gesundheitsbewusste Naschkatzen das Paradies schlechthin.

häufig zu Minipyramiden aufgestapelt, im Souk. Farblich variieren sie von goldbraun über rotbraun bis zu einem tiefen Schokoladenton.

Neben ihren Früchten liefert die Dattelpalme auch Wedel, die man zu Körben, Tischmatten und Schnüren verarbeitet. Aus der Rindenfaser werden Seile gemacht, der Stamm liefert Bauholz. Dattelpalmen können 60 Jahre lang Früchte tragen; allerdings werden sie auch über 30 Meter hoch, und man fällt sie, wenn die Ernte zu schwierig wird. Allein in der Oase Erfoud gedeihen eine Million Dattelpalmen, darunter 30 verschiedene Arten. Der durchschnittliche Jahresertrag pro Baum beträgt etwa 45 Kilogramm. Die Muslime betrachten die Dattelpalme als den Baum des Lebens.

TAJINE 'L GHANMI B'T TAMRA

LAMM-TAJINE MIT DATTELN

In diesem gehaltvollen und saftigen Gericht sind die getrockneten Datteln entsteint und dienen zum Andicken der Sauce. So durchzieht ihr Aroma die gesamte Tajine. Die ganzen Datteln, die das Gericht vervollständigen, sollten schön fleischig sein.

1 kg entbeintes Lammfleisch von Schulter oder Keule
30 g Butter
1 Zwiebel, fein gehackt
1 TL gemahlener Ingwer
1 TL gemahlener Zimt
½ TL frisch gemahlener schwarzer Pfeffer
50 g entsteinte, getrocknete Datteln, gehackt
1 Prise gemahlene Safranfäden
1 TL Salz
2 EL Honig
2 EL Zitronensaft
200 g frische oder getrocknete Datteln mit Stein
½ eingelegte Zitrone (s. S. 285)
15 g Butter zusätzlich
40 g Mandelsplitter

FÜR 6 PERSONEN

DAS LAMM von Fett und Sehnen befreien und in 2,5 cm große Würfel schneiden. In einer schweren Pfanne bei niedriger Temperatur die Butter zerlassen, Zwiebel hinzufügen und 8 Minuten dünsten. Ingwer, Zimt und schwarzen Pfeffer darüberstreuen und 1 Minute rühren. Die Temperatur auf große Hitze schalten, Fleisch hinzufügen und rühren, bis es Farbe annimmt. Hitze reduzieren, 400 ml Wasser, die gehackten Datteln, Safran und 1 TL Salz hinzufügen. Deckel auflegen und 1 ½ Stunden köcheln; dabei gelegentlich umrühren, damit die Sauce – während die Datteln zu einem Püree verkochen – nicht anbrennt.

HONIG und Zitronensaft einrühren und mit Salz und Pfeffer abschmecken. Die nicht entsteinten Dattel darauflegen, abdecken und 10 Minuten köcheln, bis sie ein wenig aufgegangen sind.

INZWISCHEN die eingelegte Zitronenhälfte unter fließendem kaltem Wasser abspülen, Fruchtfleisch und Häute entfernen und wegwerfen. Schale abspülen, mit Küchenpapier trocken tupfen und in Streifen schneiden. Die zusätzliche Butter in einer kleinen Pfanne bei mittlerer Hitze zerlassen, Mandeln hinzufügen und unter häufigem Rühren 5 Minuten rösten. Sofort auf einen Teller kippen, damit sie nicht zu dunkel werden.

DIE GANZEN Datteln vom Fleisch heben und mit den Mandeln beiseitestellen. Das Fleisch in eine Servierschüssel oder Tajine schöpfen und die Datteln mit den Zitronenstreifen und den gerösteten Mandeln darüber verteilen. Heiß servieren.

Das Lammfleisch in die Zwiebelmischung rühren. Die ganzen Datteln werden aufs Fleisch gelegt, damit sie nicht zerfallen.

TAFAYA

LAMM MIT EIERN UND MANDELN

Dieses Gericht wird zu Festtagen serviert. Manche Köchinnen tauchen die geschälten, gekochten Eier in heißes Safranwasser, das sie nicht nur färbt, sondern ihnen auch einen besonderen Duft und Geschmack verleiht.

1,25 kg Lammschulterkoteletts
3 EL Olivenöl
2 Zwiebeln, grob geraspelt
3 Knoblauchzehen, fein gehackt
2 TL gemahlener Ingwer
1 Messerspitze gemahlene Safranfäden
2 TL Salz
frisch gemahlener schwarzer Pfeffer
3 EL gehacktes Koriandergrün
40 g Butter
150 g blanchierte Mandeln
6 hart gekochte Eier
Koriandergrün zum Servieren

FÜR 6 PERSONEN

ÜBERSCHÜSSIGES Fett von den Koteletts schneiden. Die Hälfte des Olivenöls bei starker Temperatur in einer großen Pfanne erhitzen, die Koteletts portionsweise auf beiden Seiten bräunen und, sobald sie gar sind, auf einen Teller legen. Wenn nötig, etwas Öl hinzufügen.

DIE TEMPERATUR auf schwache Hitze reduzieren, restliches Öl und Zwiebeln hinzufügen und in etwa 8 Minuten weich dünsten. Knoblauch und Ingwer zugeben und kurz mitbraten. 400 ml Wasser zugießen und rühren, um den Bratensaft vom Boden der Pfanne zu lösen. Das Fleisch mit dem Safran, 2 TL Salz und reichlich frisch gemahlenem Pfeffer in die Pfanne zurückgeben. Abdecken und bei schwacher Hitze 1 ¼ Stunden köcheln, dann das Koriandergrün einrühren und weitere 15 Minuten garen, bis das Fleisch zart ist.

INZWISCHEN die Butter in einer Pfanne bei mittlerer Hitze zerlassen, Mandeln zugeben und sie unter häufigem Umrühren in etwa 5 Minuten goldbraun braten. Sofort in eine Schüssel geben, damit sie nicht zu dunkel werden. Gekochte Eier schälen und halbieren.

DAS LAMMFLEISCH auf einer Servierplatte anrichten, Sauce darüberschöpfen und mit den Mandeln bestreuen (falls die Butter fest geworden ist, sollte sie etwas erwärmt werden). Die Eier darauf verteilen und mit einigen Korianderblättern bestreuen.

Wenn auch in all diesen Rezepten Lamm verwendet wird, ist das »Lamm« in Marokko gewöhnlich über ein Jahr alt und würde daher in anderen Ländern wohl eher als Hammel oder Schaf bezeichnet.

TAJINE 'L GHANMI BES SFARGEL

LAMM-TAJINE MIT QUITTEN

Dieses süßsaure Lammgericht mit Quitten und Aprikosen zeugt vom Einfluss Persiens auf die marokkanische Küche, die Mischung der Gewürze ist allerdings marokkanisch. Sollte es etwas zu sauer schmecken, kann man es mit Honig oder auch Zucker abrunden.

1,5 kg Lammschulter, in 3 cm große Stücke geschnitten
2 große Zwiebeln, gewürfelt
½ TL gemahlener Ingwer
½ TL Cayennepfeffer
1 Messerspitze gemahlene Safranfäden
1 TL gemahlener Koriander
1 Zimtstange
3 EL grob gehacktes Koriandergrün
Meersalz und frisch gemahlener schwarzer Pfeffer
40 g Butter
500 g Quitten, geschält, Kernhaus entfernt und geviertelt
100 g getrocknete Aprikosen
3 EL Zucker
Koriandergrün zum Servieren

FÜR 6–8 PERSONEN

DAS LAMMFLEISCH in eine schwere, feuerfeste Auflaufform geben und die Hälfte der Zwiebel, Ingwer, Cayennepfeffer, Safran, gemahlenen Koriander, Zimtstange, gehacktes Koriandergrün und etwas Meersalz und frisch gemahlenen schwarzen Pfeffer zugeben. Dann 400 ml Wasser zugießen und bei mittlerer Hitze zum Kochen bringen. Temperatur reduzieren und abgedeckt 1 Stunde lang köcheln lassen.

WÄHREND DAS LAMM gart, Butter in einer schweren Pfanne zerlassen und restliche Zwiebel und die Quitten 15 Minuten bei mittlerer Hitze garen, bis sie goldgelb sind. Die Quittenmischung, Aprikosen sowie den Zucker zum Lamm geben und etwa 30 Minuten garen, bis das Lamm zart ist.

DIE SAUCE abschmecken. In eine warme Servierschüssel geben und mit Koriandergrün bestreuen. Mit Couscous oder Reis servieren.

Quitten bleichen beim Schneiden aus, durch das Garen in der Butter-Zwiebel-Mischung bekommen sie wieder Farbe.

KSEKSOU TANJAOUI

COUSCOUS MIT LAMM UND ROSINEN

Dies ist eines der süßen Couscousgerichte, die man auf *diffas* (Banketten) serviert. Das Fleisch der Lammhachse gart zu butterweicher Zartheit, doch kann man auch andere Fleischstücke, etwa dicke Schulterkoteletts, verwenden.

60 g Butter
3–5 Lammhachsen, je nach Größe
2 Zwiebeln, geviertelt
½ TL gemahlene Kurkuma
1 ½ TL gemahlener Ingwer
1 TL frisch gemahlener schwarzer Pfeffer
1 Messerspitze gemahlene Safranfäden
1 Prise Cayennepfeffer
je 3 Stängel Koriandergrün und glatte Petersilie, zu einem Bukett zusammengebunden
1 TL Salz
1 Dose Kichererbsen (à 400 g)
1 Zwiebel, halbiert und in Scheiben geschnitten
100 g Rosinen
1 Rezept Couscous (s. S. 278)

FÜR 6 PERSONEN

BUTTER IN einem großen Topf oder dem Unterteil eines großen *couscoussiers* erhitzen. Lammhachsen, Zwiebelviertel, Kurkuma, Ingwer, schwarzen Pfeffer, Safran und Cayennepfeffer hinzufügen und bei schwacher Hitze 1 Minute rühren. Dann 500 ml Wasser, das Kräuterbukett und Salz hinzufügen. Zum Köcheln bringen und das Lamm bei schwacher Hitze in etwa 1 ¾–2 Stunden garen.

INZWISCHEN die Kichererbsen abgießen, in eine große Schüssel geben und mit kaltem Wasser bedecken. Mit den Händen fassen und zwischen den Händen reiben, um die Häute zu lockern. Mehr Wasser in die Schüssel laufen lassen, gut umrühren, Häute an die Oberfläche treiben lassen und abschöpfen. Wiederholen, bis alle Häute entfernt sind. Abgießen und beiseitestellen.

WENN DAS Fleisch gar ist, Hachsen aus der Brühe nehmen und das Fleisch ablösen. Mit den Kichererbsen, den Zwiebelscheiben und den Rosinen zurück in den Topf geben, abdecken und 20 Minuten garen. Wenn nötig, noch etwas Wasser hinzufügen.

WÄHRENDDESSEN den Couscous zubereiten: Couscous auf eine große vorgewärmte Platte häufen und in die Mitte eine Vertiefung drücken. Alle Kräuter aus dem Lammtopf entfernen, dann Fleisch und Kichererbsen in die Mitte schöpfen. Mit etwas Couscousbrühe befeuchten, die restliche Brühe in eine Schüssel geben und nach Bedarf hinzufügen.

Die Häute der Kichererbsen werden entfernt, damit die Aromen eindringen können. Das Fleisch wird vor dem Servieren von den Knochen gelöst und in Würfel geschnitten.

KSEKSOU BIDAWI BID DJEJ

COUSCOUS MIT HÄHNCHEN UND GEMÜSE

Dies ist eines der Couscousgerichte, die man am Freitag – dem traditionellen Couscoustag – am häufigsten in marokkanischen Haushalten zubereitet. Hähnchen und Gemüse werden auf Couscousgrieß serviert und mit einer Harissa-Sauce befeuchtet.

Smen hat einen höheren Rauchpunkt, aber auch mehr Geschmack als Öl – zum Anbräunen des Hähnchens ideal.

1 Hähnchen à 1,5 kg
3 EL *smen* (s. S. 282) oder Butterschmalz
1 Zwiebel, fein gehackt
½ TL gemahlene Kurkuma
½ TL gemahlener Kreuzkümmel
8 kleine Zwiebeln, geputzt
1 Prise gemahlene Safranfäden
1 Zimtstange
je 4 Stängel Koriandergrün und glatte Petersilie, zu einem Sträußchen zusammengebunden
3 Tomaten, gehäutet, Samen entfernt und gehackt
1 ½ TL Salz
frisch gemahlener schwarzer Pfeffer
3 Karotten, in große Stücke geschnitten
4 Zucchini, in große Stücke geschnitten
200 g enthülste grüne Erbsen oder sehr junge Dicke Bohnen
1 Dose Kichererbsen (à 400 g), abgespült und abgetropft

COUSCOUS
1 Rezept Couscous (s. S. 278)
3 EL Kräuter-*smen* (s. S. 282) oder Butter
3 TL Harissa (s. S. 286) oder nach Geschmack

FÜR 6–8 PERSONEN

DAS HÄHNCHEN in 8 Teile zerlegen. Die Haut muss nicht entfernt werden. *Smen* oder Butterschmalz in einem großen Topf oder dem Unterteil eines großen *couscoussiers* erhitzen, Hähnchenteile zugeben und von allen Seiten anbräunen. Hitze reduzieren, Zwiebel hinzufügen und weich garen. Kurkuma und Kreuzkümmel unterrühren und die kleinen Zwiebeln zugeben. Erst 750 ml Wasser zugießen, dann Safran, Zimtstange, das Kräutersträußchen und die Tomaten hinzufügen. Mit Salz und frisch gemahlenem schwarzem Pfeffer abschmecken. Zum Köcheln bringen, Deckel auflegen und bei schwacher Hitze 25 Minuten garen. Die Karotten hinzufügen und weitere 20 Minuten köcheln. Zucchini, grüne Erbsen oder Dicke Bohnen sowie Kichererbsen zugeben und etwa 20 Minuten garen, bis das Fleisch und Gemüse zart sind.

WÄHREND das Gericht gart, den Couscous zubereiten. Kräuter-*smen* unterziehen.

HÄHNCHEN und Gemüse auf dem Couscous servieren, mit etwas Garbrühe befeuchten. Dann 250 ml der Brühe in eine Schüssel geben und die Harissa unterrühren. Diese Brühe wird über den Couscous geträufelt, um ihn feucht zu halten und nach persönlichem Geschmack zu würzen.

BESTILLA

FESTLICHE HÄHNCHENPASTETE

Traditionell wird diese berühmte marokkanische Pastete mit Jungtauben zubereitet. Allerdings ist Hähnchen auch in Marokko ein beliebter Ersatz.

150 g *smen* oder Butter
1 Hähnchen à 1,5 kg, geviertelt, oder 3 Jungtauben à 500 g, halbiert
2 große rote Zwiebeln, fein gehackt
3 Knoblauchzehen, zerdrückt
1 Zimtstange
1 TL gemahlener Ingwer
1 ½ TL gemahlener Kreuzkümmel
1 Prise Cayennepfeffer
½ TL gemahlene Kurkuma
1 Prise Safranfäden, in 2 EL warmem Wasser eingeweicht
500 ml Hühnerfond
1 EL Zitronensaft
3 EL gehackte glatte Petersilie
3 EL gehacktes Koriandergrün
5 Eier, leicht verschlagen
100 g blanchierte Mandeln, geröstet und fein gehackt
3 EL Puderzucker, plus etwas mehr zum Servieren
1 TL gemahlener Zimt, plus etwas mehr zum Servieren
14 Filoteigblätter
100 g *smen* (s. S. 282), zerlassen

FÜR 6–8 PERSONEN

DEN OFEN auf 160 °C vorheizen. *Smen* oder Butter in einer feuerfesten Auflaufform zerlassen und Hähnchen oder Tauben kräftig anbraten. Herausheben und beiseitestellen. Zwiebel in die Form geben und goldbraun braten. Knoblauch und Gewürze unterrühren, dann den Safran mit der Einweichflüssigkeit und den Hühnerfond zugießen. Geflügel zugeben und wenden. Abdecken und etwa 1 Stunde unter gelegentlichem Wenden im Ofen garen. Wenn nötig, etwas Wasser hinzufügen. Geflügel herausnehmen, die Zimtstange aus der Sauce entfernen, Sauce aufbewahren. Das Fleisch von den Knochen lösen und in kleine Stücke schneiden. Die Ofentemperatur auf 180 °C erhöhen.

SAUCE, Zitronensaft und Kräuter in einen Topf geben und bei starker Hitze 10 Minuten lang einkochen. Temperatur reduzieren und langsam die Eier unterrühren, bis sie stocken; vom Feuer nehmen. Das Fleisch hinzugeben, abschmecken.

MANDELN mit Puderzucker und Zimt vermischen. Eine Springform von 30 cm Durchmesser mit zerlassenem *smen* einfetten. Acht Filoteigblätter aufeinanderschichten und oberstes mit *smen* bepinseln. Das Blatt so in die Form geben, dass ein Ende überhängt. Mit den nächsten sieben Blättern wiederholen. Fleischmischung daraufgeben und glatt streichen. Vier Teiglappen über die Füllung schlagen, mit *smen* bepinseln und mit Mandelmischung bestreuen. Restliche vier Lappen überschlagen und mit *smen* einfetten. Die übrigen sechs Teigblätter mit *smen* bepinseln und wie vorher überlappend auf der Pastete verteilen. Überhängenden Teig gleichmäßig mit 3 cm Überhang abschneiden und unter die Pastete schlagen. In etwa 45–50 Minuten goldbraun backen.

DIE PASTETE mit Puderzucker bestäuben und mit gemahlenem Zimt ein Gittermuster daraufstreuen.

Die Pastetenhülle besteht aus Filoteigblättern. Nach dem Backen wird sie mit Puderzucker bestäubt. Danach 1 Prise Zimt zwischen Zeigefinger und Daumen nehmen und damit ein Gittermuster auf die Pastete streuen.

TAJINE LAHM BET TEFFAH WAZ ZBIB

RINDFLEISCH-TAJINE MIT ÄPFELN UND ROSINEN

Dies ist eine kräftige Rinder-Tajine, die zur Zeit der Apfelernte serviert wird. Die Säure der Äpfel wird dabei durch Rosinen, Gewürze und Honig gemildert. Damit das Gericht authentisch schmeckt, sollte man, wenn möglich, einen dickflüssigen Thymianhonig verwenden.

Die ungeschälten Äpfel sollten während des Bratens in Butter häufig gewendet werden.

1 kg Rinderkamm
2 EL Olivenöl
40 g Butter
1 Zwiebel, in Scheiben geschnitten
1 Messerspitze gemahlene Safranfäden
½ TL gemahlener Ingwer
1 TL gemahlener Zimt
1 ½ TL Salz
frisch gemahlener schwarzer Pfeffer
4 Stängel Koriandergrün, zusammengebunden
125 g Rosinen
3 EL Honig
3 saure Äpfel, vorzugsweise Granny Smith
½ TL gemahlener Zimt zusätzlich
1 EL Sesamsamen, geröstet

FÜR 6 PERSONEN

DAS FLEISCH putzen und in 2,5 cm große Würfel schneiden. Einen schweren Topf auf starke Hitze stellen, die Hälfte des Öls und der Butter zugeben und das Fleisch portionsweise anbraten. Sobald es gebräunt ist, in eine Schüssel geben. Restliches Öl hinzufügen, wann immer man welches braucht, und die restliche Butter beiseitestellen.

AUF MITTLERE Temperatur herunterschalten, Zwiebel hinzufügen und in 5 Minuten weich dünsten. Safran, Ingwer und Zimt darüberstreuen und etwa 1 Minute mitbraten. 375 ml Wasser, 1 ½ TL Salz und reichlich frisch gemahlenen schwarzen Pfeffer hinzufügen, gut verrühren und das Fleisch mit dem Koriandergrün in den Topf zurückgeben. Deckel auflegen und bei schwacher Hitze 1 ½ Stunden köcheln. Die Rosinen und 1 EL des Honigs dazugeben, dann abdecken und das Fleisch weitere 30 Minuten garen.

INZWISCHEN die Äpfel waschen, halbieren und die Kerngehäuse entfernen. Jede Hälfte in drei Keile schneiden. Die zurückbehaltene Butter in einer Pfanne erhitzen und die Äpfel hinzufügen. Unter Rühren 10 Minuten braten. Mit dem restlichen Honig beträufeln, mit Zimt bestäuben und 5 Minuten garen, bis die Früchte glasiert und weich sind.

DAS FLEISCH auf einer Servierplatte anrichten, die Sauce darübergießen und die Äpfel darauf arrangieren. Mit gerösteten Sesamsamen bestreuen und heiß servieren.

DIE KÜSTE

HOUT ZA'FARAN BIL MARAK MATISHA

SAFRANFISCHBÄLLCHEN IN TOMATENSAUCE

Dieses Rezept stammt von marokkanischen Juden, die Safranfäden als Gewürz für die marokkanische Küche entdeckten, nachdem man Safrankrokusse aus dem maurischen Spanien eingeführt hatte.

500 g feste weiße Fischfilets, entgrätet
1 Ei
2 Frühlingszwiebeln, gehackt
1 EL gehackte glatte Petersilie
1 EL gehacktes Koriandergrün
50 g frische Semmelbrösel
1 Prise Safranfäden
1 TL Salz
frisch gemahlener schwarzer Pfeffer

TOMATENSAUCE
500 g Tomaten
1 Zwiebel, grob geraspelt
3 EL Olivenöl
2 Knoblauchzehen, fein gehackt
1 TL Paprikapulver
½ TL Harissa (s. S. 286) oder nach Geschmack oder 1 Prise Cayennepfeffer
½ TL gemahlener Kreuzkümmel
1 TL Zucker
Meersalz und frisch gemahlener schwarzer Pfeffer

FÜR 4 PERSONEN

DIE FISCHFILETS in grobe Stücke schneiden und mit dem Ei, Frühlingszwiebeln, Petersilie, Koriander und Semmelbröseln in die Schüssel einer Küchenmaschine geben. Safran in 1 EL warmem Wasser 5 Minuten einweichen und mit ¾ TL Salz und etwas frisch gemahlenem schwarzem Pfeffer zu den anderen Zutaten geben. Zu einer dicken Paste pürieren, dabei die Masse ab und zu von den Schüsselwänden schaben.

DIE FISCHMASSE mit feuchten Händen zu walnussgroßen Kugeln formen. Auf ein Tablett legen, abdecken und in den Kühlschrank stellen.

FÜR DIE TOMATENSAUCE zunächst die Tomaten schälen (s. S. 88), dann quer halbieren und die Samen herausdrücken. Fruchtfleisch hacken und beiseitestellen.

ZWIEBEL und Olivenöl in einen Topf geben und bei mittlerer Hitze 5 Minuten garen. Knoblauch, Paprika, Harissa und Kreuzkümmel zugeben. Kurz rühren, dann Tomate, Zucker, 250 ml Wasser, Salz und frisch gemahlenen schwarzen Pfeffer nach Geschmack hinzufügen. Zum Kochen bringen, Deckel auflegen, Hitze reduzieren und 15 Minuten sanft köcheln.

DIE FISCHBÄLLCHEN in die Sauce geben, den Topf zwischendurch rütteln, sodass sie ihren Platz in der Sauce finden. Bei mittlerer Hitze wieder zum Köcheln bringen, dann den Deckel auflegen, auf schwache Hitze schalten und 20 Minuten garen. Heiß und mit knusprigem Brot servieren.

Eine kleine Prise Safran genügt, um diesen köstlichen Fischbällchen Aroma zu verleihen.

HOUT TUNGERA

FISCH-TAJINE MIT TOMATEN UND KARTOFFELN

Garen marokkanische Köche Fisch in einer Tajine, so legen sie ein Gitter aus Bambusstäbchen, Sellerie- oder Karottenstiften auf den Tajine-Boden, um ein Anhaften zu verhindern. Kartoffelscheiben erfüllen denselben Zweck und sind zudem köstliche Beilage.

CHERMOULA
2 Knoblauchzehen, grob gehackt
½ TL Salz
3 EL gehackte glatte Petersilie
3 EL gehacktes Koriandergrün
2 TL Paprikapulver
2 TL gemahlener Kreuzkümmel
1 Prise Cayennepfeffer
1 EL Zitronensaft
2 EL Olivenöl

4 feste weiße Fischfilets, vorzugsweise Red Snapper, etwa 2 cm dick
500 g Kartoffeln
400 g reife Tomaten
1 grüne Paprikaschote
1 ½ EL Tomatenmark
½ TL Salz
frisch gemahlener schwarzer Pfeffer
1 TL Zucker
1 EL Zitronensaft
2 EL Olivenöl
je 1 EL gehackte glatte Petersilie und Koriandergrün

FÜR 4 PERSONEN

FÜR DIE *chermoula* Knoblauch und Salz mit Mörser und Stößel zu einer Paste verarbeiten. Petersilie, Koriander, Paprika, Kreuzkümmel, Cayennepfeffer und Zitronensaft hinzufügen. Zu einer groben Paste zerdrücken und dann das Olivenöl unterarbeiten.

DEN FISCH mit der Hälfte der *chermoula* beidseitig einreiben, in eine Schüssel legen, abdecken und 20 Minuten ziehen lassen.

DIE KARTOFFELN und Tomaten in 5 mm dicke Scheiben schneiden. Die Samen und weißen Scheidewände der Paprikaschoten entfernen und in 5 mm dicke Streifen schneiden. Den Ofen auf 200 °C vorheizen.

EINE 30 x 40 x 6 cm große Auflaufform mit Öl auspinseln. Eine Schicht Kartoffelscheiben einlegen, den Fisch darauflegen. Die übrigen Kartoffelscheiben mit der restlichen *chermoula* vermischen und über dem Fisch verteilen. Mit Tomaten und Paprikastreifen abschließen. Tomatenmark mit 125 ml Wasser vermischen und ½ TL Salz, reichlich frisch gemahlenen schwarzen Pfeffer, Zucker, Zitronensaft und Olivenöl hinzufügen. Über den Fisch gießen und mit den gemischten Kräutern bestreuen.

DEN FISCH mit Folie abdecken und 40 Minuten im Ofen backen, dann die Folie entfernen und den Fisch auf die oberste Schiene schieben. Weitere 20 Minuten garen, bis Fisch und Kartoffeln weich sind und oben eine leichte Kruste haben. Heiß servieren.

Die Zutaten für die chermoula werden in der marokkanischen Küche auf traditionelle Weise – mit Mörser und Stößel – zubereitet.

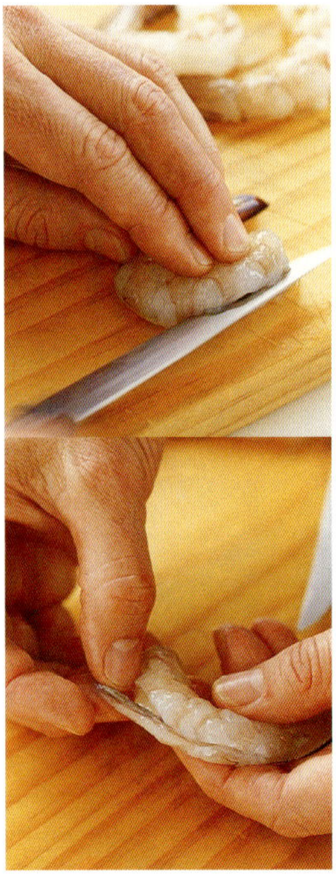

Um Garnelen zu entdarmen, vorsichtig am Rücken einschneiden, sodass die sichtbare Ader freigelegt ist, und diese behutsam entfernen.

KEMROUN M'HAMMAR

PIKANTE GARNELEN

Eine der vier Basis-Gewürzkombinationen der marokkanischen Küche ist *m'hammar,* deren Hauptbestandteile Knoblauch, Paprika und Kreuzkümmel sind. Mit gehackten roten Chilischoten kann es dieses Gericht leicht mit den beliebten Knoblauchgarnelen aufnehmen.

375 g rohe große Garnelen
½ TL Salz
3 EL Olivenöl
½ TL gemahlener Kreuzkümmel
½ TL Kreuzkümmelsamen
1 TL gemahlener Ingwer
2 TL gehackte rote Chilischote
3 Knoblauchzehen, fein gehackt
½ TL gemahlene Kurkuma
1 TL Paprikapulver
2 EL fein gehacktes Koriandergrün
Zitronenspalten zum Servieren

FÜR 4 PERSONEN

DIE GARNELEN schälen, dabei die Schwänze am Körper lassen. Zum Entdarmen vorsichtig am Rücken entlang einschneiden und den sichtbaren schwarzen Faden entfernen. Garnelen in einen Durchschlag geben und unter fließendem kaltem Wasser abspülen. Schütteln, um überflüssiges Wasser zu entfernen. Die Garnelen mit Salz bestreuen, wenden und beiseitestellen.

DAS OLIVENÖL in einer großen Pfanne auf mittlerer Stufe erhitzen. Gemahlenen Kreuzkümmel, Kreuzkümmelsamen, Ingwer und Chilischote zugeben. Garen, bis alles duftet, und die Kreuzkümmelsamen zu hüpfen beginnen. Dann Knoblauch, Kurkuma und Paprika hinzufügen, unter Rühren kurz mitbraten, dann die Garnelen zugeben. Temperatur etwas erhöhen und die Garnelen unter häufigem Rühren und Wenden 3–4 Minuten braten, bis sie prall und rosa sind. Koriandergrün und 3 EL Wasser zugeben, zum Köcheln bringen und vom Herd nehmen.
Sofort mit Zitronenspalten servieren.

KEMROUM BIL CHERMOULA

GARNELEN MIT KRÄUTERN UND EINGELEGTER ZITRONE

Chermoula gibt es in vielen Varianten. Häufig wird sie für Fisch und Meeresfrüchte verwendet, die eingelegte Zitrone in dieser Mischung verleiht dem Fisch eine delikate Schärfe. Auch die abgeriebene Schale einer halben Zitrone und Zitronensaft passen gut.

1 kg rohe große Garnelen
½ TL Salz
2 EL Olivenöl
Zitronenspalten zum Servieren
Safranreis zum Servieren (s. S. 281)

CHERMOULA
½ eingelegte Zitrone (s. S. 285)
2 Knoblauchzehen, grob gehackt
3 EL gehackte glatte Petersilie
3 EL gehacktes Koriandergrün
1 Messerspitze gemahlene Safranfäden (nach Belieben)
½ TL Paprikapulver
1 Messerspitze Cayennepfeffer oder ½ TL Harissa (s. S. 286)
½ TL gemahlener Kreuzkümmel
2 EL Zitronensaft
3 EL Olivenöl

FÜR 4 PERSONEN

DIE GARNELEN schälen, Schwänze dran lassen. Um die Garnelen zu entdarmen, entlang des Rückens einritzen und die sichtbare Ader entfernen. In einen Durchschlag geben und unter fließendem kaltem Wasser abspülen. Sieb schütteln, um überschüssiges Wasser zu entfernen, Garnelen mit Salz bestreuen, vermengen und beiseitestellen.

FÜR DIE *chermoula* Fruchtfleisch und Häutchen der eingelegten Zitrone entfernen, Schale abspülen und mit Küchenpapier trocken tupfen. Grob hacken und mit Knoblauch, Petersilie, Koriander, Safran (falls verwendet), Paprika, Cayennepfeffer, Kreuzkümmel und Zitronensaft in der Küchenmaschine zu einer groben Paste pürieren; gleichzeitig nach und nach das Olivenöl hinzufügen.

OLIVENÖL in einer großen Pfanne bei mittlerer Temperatur erhitzen, dann die Garnelen hinzufügen und unter häufigem Rühren braten, bis sie sich zu verfärben beginnen. Die Hitze auf mittlere Temperatur reduzieren, *chermoula* hinzufügen und unter häufigem Rühren etwa 3 Minuten weitergaren, bis die Garnelen fest sind. Abschmecken und heiß mit den Zitronenspalten und Safranreis ser-vieren.

In einer Pfanne werden die Garnelen unter häufigem Rühren und Wenden in Olivenöl gebraten, bis sie prall werden und sich verfärben.

SARDIN MRAQAD

GEBRATENE GEFÜLLTE SARDINEN

Ganz hervorragend schmecken Sardinen, mit *chermoula* gefüllt. Manche Fischhändler teilen und filetieren sie und entfernen auch die Schwänze; aber es ist nicht schwer, das selbst zu machen. Und des dekorativen Effekts wegen kann man auch darauf verzichten.

Chermoula auf einer aufgeklappten Sardine verteilen, eine zweite aufgeklappte Sardine fest darauf andrücken. Die gefüllten Sardinen werden mit Mehl bestäubt, gebraten und heiß serviert.

24 frische Sardinen
Salz
Olivenöl zum Frittieren
Mehl zum Bestäuben
Zitronenspalten zum Servieren

CHERMOULA-FÜLLUNG
1 EL entwässerte geriebene weiße Zwiebel
1 Knoblauchzehe, zerdrückt
3 EL fein gehackte glatte Petersilie
3 EL fein gehacktes Koriandergrün
1 Prise Cayennepfeffer
½ TL Paprikapulver
1 Prise frisch gemahlener schwarzer Pfeffer
½ TL gemahlener Kreuzkümmel
½ TL abgeriebene Schale einer unbehandelten Zitrone
2 TL Zitronensaft
2 TL Olivenöl

ALS VORSPEISE FÜR 6 PERSONEN

UM DIE SARDINEN zu öffnen und aufzuklappen, zunächst die Köpfe entfernen, dann am Bauch aufschlitzen und unter fließendem kaltem Wasser waschen. Die Rückengräte am Schwanz mit einer Küchenschere durchschneiden, ohne die Haut zu verletzen, und am Schwanzende beginnend vorsichtig abziehen. Die Sardinen aufklappen und innen mit Küchenpapier trocken tupfen. Leicht mit Salz bestreuen. Beiseitestellen.

FÜR DIE *chermoula*-Füllung die entwässerte Zwiebel in eine Schüssel geben und Knoblauch, Petersilie, Koriandergrün, Cayennepfeffer, Paprikapulver, schwarzen Pfeffer, Kreuzkümmel, Zitronenschale und -saft sowie Olivenöl hinzufügen. Alles gut vermischen.

ZWÖLF SARDINEN mit der Hautseite nach unten auf die Arbeitsfläche legen. Die Füllung gleichmäßig auf den Sardinen verteilen und mit einer zweiten Sardine mit der Hautseite nach oben abdecken. Fest zusammendrücken.

DAS OLIVENÖL 5 mm hoch in eine große Pfanne gießen und erhitzen. Sardinen mit Mehl bestäuben und von jeder Seite 2 Minuten im heißen Öl braten, bis sie knusprig und gleichmäßig gebräunt sind. Heiß und mit Zitronenspalten servieren.

HOUT BIL HARISSA WAZ ZITOUN

FISCH MIT HARISSA UND OLIVEN

Die würzige Tomatensauce wird durch Zugabe von Harissa ein wenig scharf – also vorsichtig verwenden, falls man keine Erfahrung damit hat. Alternativ kann man auch einen Teelöffel fein gehackte rote Chilischote oder 1 Prise Cayennepfeffer hinzufügen.

80 ml Olivenöl
4 feste weiße Fischfilets, vorzugsweise Red Snapper
Mehl zum Bestäuben
1 Zwiebel, gehackt
2 Knoblauchzehen, zerdrückt
1 Dose gehackte Tomaten (à 400 g)
2 TL Harissa (s. S. 286) oder nach Geschmack
2 Lorbeerblätter
1 Zimtstange
Meersalz und frisch gemahlener schwarzer Pfeffer
200 g schwarze Oliven
1 EL Zitronensaft
2 EL gehackte glatte Petersilie

FÜR 4 PERSONEN

DIE HÄLFTE des Olivenöls in einer schweren Pfanne erhitzen. Fischfilets mit Mehl bestäuben und bei mittlerer Hitze etwa 2 Minuten von beiden Seiten braten, bis sie goldbraun sind. Auf einen Teller legen.

DAS RESTLICHE Olivenöl in die Pfanne gießen und Zwiebel und Knoblauch darin in 5 Minuten weich schwitzen. Tomaten, Harissa, Lorbeerblätter und Zimtstange hinzufügen und etwa 10 Minuten garen, bis die Sauce eingedickt ist. Mit Meersalz und frisch gemahlenem schwarzem Pfeffer abschmecken.

DIE LORBEERBLÄTTER und Zimtstange entfernen und den Fisch in die Pfanne zurücklegen, mit der Sauce bedecken und die Oliven hinzufügen. Etwa 2 Minuten garen, bis der Fisch sich mit der Gabel leicht zerteilen lässt. Zitronensaft und Petersilie zugeben und servieren.

Den Fisch in Mehl wälzen und in Öl rasch goldgelb braten. Dann in der Sauce fertig garen.

CHORBA BIL HOUT

FISCHSUPPE

Angesichts des riesigen Fischangebots erstaunt es, dass sich wenige Fischsuppenrezepte in der marokkanischen Küche finden. Diese Suppe ist typisch für die Küche von Tetuan im Norden des Landes, wo der spanische Einfluss noch heute spürbar ist.

2 rote Paprikaschoten
1 lange rote Chilischote
2 EL bestes Olivenöl
1 Zwiebel, fein gehackt
1 EL Tomatenmark
2–3 TL Harissa (s. S. 286), nach Geschmack
4 Knoblauchzehen, fein gehackt
2 TL gemahlener Kreuzkümmel
750 ml Fischfond
1 Dose gehackte Tomaten (à 400 g)
750 g grätenfreie feste weiße Fischfilets, in 2 cm große Würfel geschnitten
2 Lorbeerblätter
2 EL gehacktes Koriandergrün
Meersalz und frisch gemahlener schwarzer Pfeffer

FÜR 6 PERSONEN

PAPRIKASCHOTEN vierteln und Samen und Scheidewände entfernen. Chilischote halbieren und die Samen entfernen. Paprika- und Chilischoten mit der Hautseite nach oben unter den Grill schieben und grillen, bis die Haut geschwärzt ist. Herausnehmen, in eine Plastiktüte geben, die Öffnung zudrehen, unterschlagen, und in der Tüte dampfen lassen, bis das Gemüse abgekühlt ist. Die geschwärzte Haut entfernen und Paprika und Chilischoten in dünne Streifen schneiden. Beiseitestellen.

DAS ÖL in einem großen Topf erhitzen und die Zwiebel darin 5 Minuten anschwitzen. Tomatenmark, Harissa, Knoblauch, Kreuzkümmel und 125 ml Wasser hinzufügen und umrühren, damit sich alles verbindet. Fischfond, Tomaten und 500 ml Wasser dazugeben. Zum Kochen bringen, dann die Hitze reduzieren und Fisch und Lorbeerblätter hinzufügen. Nun etwa 7–8 Minuten köcheln lassen, bis der Fisch gar ist.

FISCH mit einem Schaumlöffel herausnehmen und beiseitestellen. Lorbeerblätter wegwerfen. Sobald die Suppe etwas abgekühlt ist, die Hälfte des Koriandergrüns hinzufügen und in einem Mixer oder aber mit dem Pürierstab zerkleinern. Mit Meersalz und frisch gemahlenem schwarzem Pfeffer abschmecken.

DIE SUPPE in den Topf zurückgeben. Dann Fisch, Paprika- und Chilischote hinzufügen und vorsichtig wieder erwärmen. Abschmecken. Mit dem restlichen Koriandergrün garnieren und heiß mit knusprigem Brot servieren.

Geschwärzte Haut von den Chilischoten entfernen. Fisch vor dem Pürieren herausheben.

EIN FISCHBANKETT Fischerboote in Essaouira, die um zwei Uhr morgens auf den Atlantik hinausfahren (oben). Wenn der Fang am Vormittag eintrifft, kauft der Kunde seinen Fisch und lässt ihn gegen einen kleinen Aufpreis auf Holzkohle grillen. Das Feuer wird gefächelt, eine ganze Reihe von Fischgrillgittern zischt auf den Kohlen, und der Fisch wird mit Zitronenspalten auf Tellern serviert (untere Reihe).

DEN FANG ZUBEREITEN

MAROKKANER LIEBEN FISCH. GROSSSTÄDTER FAHREN AN DIE KÜSTE, WENN SIE IHN FRISCH GENIESSEN WOLLEN, UND TREFFEN SICH IM RESTAURANT ZUM GROSSEN SCHLEMMEN. DENN AM BESTEN SCHMECKT ER IN HÖR- UND SICHTWEITE DES MEERES IN DER BELEBENDEN SEELUFT.

In Orten wie Casablanca, Safi und Essaouira werden die Fänge der Fischer begutachtet, ehe das Feilschen beginnt. Die Männer am Grill fächeln – um die Hitze zu steigern – die Kohle auf traditionelle Weise mit einem Stück Karton oder aber, als Zugeständnis an die Moderne, mit Elektrogebläsen, deren geschwärzte Propellerblätter von jahrelangem Einsatz künden.

Die »Beute« wird gegen einen kleinen Aufpreis gegart, gegrillte Tomaten oder Auberginenscheiben kosten extra. Frittierter Fisch in safranfarbigem Ausbackteig gehört zum Standardangebot der Garküchen – ebenso wie der frisch gebratene Whitebait (Jungfisch). Dazu noch Campingtische und das Erlebnis von Meer und Küste ist perfekt. Für Fischfans ein Paradies.

Ein Sardinenverkäufer sortiert seine Fische (oben links). Marokko fängt und verarbeitet mehr Sardinen als jede andere Nation. Ein Fischverkäufer präsentiert seine Trophäe – einen Atlantikhummer (oben rechts). Sardinen in Körben, frischer Fisch auf einer Marmorplatte (unten links und Mitte). *Chermoula* (oben rechts), die Marinade und Sauce, die Fisch und Meeresfrüchte so gut ergänzt.

CHERMOULA

Während sofort zubereiteter Fisch oft nur mit etwas Öl und Salz in Berührung kommt, lässt man den perfekten Grillfisch vorher in *chermoula* ziehen. Diese Marinade und Sauce ist unverzichtbar bei der Fischzubereitung. Meist wird sie aus einer Mischung aus frischem Koriander, glatter Petersilie, Knoblauch, Zwiebel, Kreuzkümmel, gemahlenen Koriandersamen, Safran, Paprikapulver und Cayennepfeffer hergestellt. Eingelegte Zitrone kann dazukommen oder Tomaten, vor allem die intensiver schmeckenden halb getrockneten – der Geschmack der Köchin entscheidet. *Chermoula* ist eine exzellente Basis zum Garen von Garnelen und Muscheln und wird als Marinade oder Sauce für Fischkebabs verwendet – einen Teil der Marinade für die Sauce beiseitestellen, Reste jedoch wegwerfen.

LA TROUIT BIT TAMRA

FORELLE MIT DATTELFÜLLUNG

Die Verbindung von Datteln und Fisch hat in Marokko eine lange Tradition. Herkömmlicherweise wird der gefüllte Fisch in einer Tajine gegart, häufig aber auch in der Röhre gebacken. Die Folie sorgt dafür, dass die Forelle saftig bleibt.

- 4 mittelgroße Forellen, geschuppt und geputzt
- Meersalz und frisch gemahlener schwarzer Pfeffer
- 140 g entsteinte gehackte getrocknete Datteln
- 50 g gegarter Reis
- 4 EL gehacktes Koriandergrün
- 1 Prise gemahlener Ingwer
- 1 Prise gemahlener Zimt
- 50 g grob gehackte blanchierte Mandeln
- 1 weiße Zwiebel, fein gehackt
- 40 g weiche Butter
- gemahlener Zimt zum Servieren (nach Belieben)

FÜR 4 PERSONEN

DEN OFEN auf 180 °C vorheizen. Die Forelle unter fließendem kaltem Wasser abspülen und mit Küchenpapier trocken tupfen. Mit Meersalz und frisch gemahlenem schwarzem Pfeffer würzen.

FÜR DIE FÜLLUNG Datteln, gegarten Reis, Koriandergrün, Ingwer, Zimt, Mandeln, die Hälfte der Zwiebel und die Hälfte der Butter in einer Schüssel vermischen. Mit Salz und frisch gemahlenem schwarzem Pfeffer abschmecken.

DIE FÜLLUNG in die Bauchhöhle der Forellen löffeln und jeden Fisch auf ein gründlich gefettetes, doppelt gefaltetes Folienstück setzen. Fisch mit der restlichen Butter bepinseln, mit Salz und frisch gemahlenem schwarzem Pfeffer würzen und die restliche Zwiebel auf die vier Forellen verteilen. Den Fisch ordentlich einschlagen und die Ränder der Folie fest verschließen. Päckchen auf ein großes Backblech setzen und 15–20 Minuten im Ofen backen, bis das Fleisch nicht mehr milchig schimmert und sich mit einer Gabel leicht zerteilen lässt. Nach Belieben mit Zimt bestäubt servieren.

Die Füllung wird in die Bauchhöhle gelöffelt; danach wird der Fisch in Folie geschlagen, damit er beim Garen saftig bleibt.

QUOTBAN DEL TON BIL CHERMOULA

THUNFISCHSPIESSE MIT KRÄUTERMARINADE

Thunfisch eignet sich für Spieße, da er festfleischig ist und beim Garen nicht zerfällt. Die *chermoula* verleiht dem Fisch einen kräftigeren Geschmack. Marokkaner mögen ihren Thunfisch durchgegart, doch kann er auch scharf angebraten oder »medium« serviert werden.

800 g Thunfischsteaks, in 3 cm dicke Würfel geschnitten
2 EL Olivenöl
½ TL gemahlener Kreuzkümmel
2 TL fein abgeriebene Schale einer unbehandelten Zitrone

CHERMOULA
½ TL gemahlener Koriander
3 TL gemahlener Kreuzkümmel
2 TL Paprikapulver
1 Prise Cayennepfeffer
4 Knoblauchzehen, zerdrückt
3 EL gehackte glatte Petersilie
100 ml Zitronensaft
125 ml Olivenöl

FÜR 4 PERSONEN

ACHT HOLZSPIESSE 2 Stunden in Wasser einweichen oder aber Metallspieße verwenden.

DEN THUNFISCH in ein flaches nichtmetallisches Geschirr legen. Olivenöl, Kreuzkümmel und Zitronenschale verschlagen und über den Fisch gießen. Vermengen, sodass alles damit überzogen ist, dann abdecken und 10 Minuten im Kühlschrank ziehen lassen.

INZWISCHEN für die Zubereitung der *chermoula* gemahlenen Koriander, Kreuzkümmel, Paprika und Cayennepfeffer in eine kleine Pfanne geben und bei mittlerer Hitze 30 Sekunden anrösten, bis die Gewürze duften. Mit den restlichen *chermoula*-Zutaten vermischen und beiseitestellen.

DEN THUNFISCH auf Spieße stecken. Grillpfanne oder Grillrost leicht einölen und die Spieße je eine Minute von jeder Seite »englisch« oder aber 2 Minuten von jeder Seite »medium« grillen. Mit der *chermoula* beträufeln und servieren.

Die marinierten Fischwürfel werden auf eingeweichte Holzspieße gesteckt, ehe man sie in einer Grillpfanne oder auf einem Grill gart. In Marokko wird Thunfisch nicht »englisch« oder »medium« serviert, sondern durchgegart.

HOUT BIL HARISSA WAL MATISHA

GEBACKENER FISCH MIT HARISSA UND TOMATEN

Die Zwiebeln auf dem Boden des Backgeschirrs verleihen dem Fisch Aroma und verhindern, dass er anhaftet. Die marokkanische Art, mit den Fingern zu essen, ist beim Verzehr eines ganzen Fisches besonders praktisch, denn so kann man die Gräten leicht ertasten!

1 kg ganzer weißfleischiger Fisch, vorzugsweise Red Snapper oder Brasse, geschuppt und ausgenommen
3 Knoblauchzehen, zerdrückt
2 TL Harissa (s. S. 286) oder nach Geschmack
2 EL Olivenöl
1 unbehandelte Zitrone, in dünne Scheiben geschnitten
1 Zwiebel, in dünne Scheiben geschnitten
2 große feste reife Tomaten, in Scheiben geschnitten
4 Zweige Thymian sowie einige zusätzlich zum Garnieren
Meersalz

FÜR 4 PERSONEN

DEN OFEN auf 180 °C vorheizen. Ein großes Backgeschirr leicht einfetten. Den Fisch auf beiden Seiten an der dicksten Stelle je dreimal diagonal einschneiden, damit er gleichmäßig gart.

KNOBLAUCH, Harissa und Olivenöl in einer kleinen Schüssel vermischen. In die Bauchhöhle des Fisches 2 TL der Harissa-Mischung geben und den Rest über die Außenseiten des Fisches verteilen und in die Einschnitte reiben. Die Bauchhöhle des Fisches mit 2 Zitronenscheiben füllen.

DEN BODEN des Backgeschirrs mit den Zwiebelscheiben auslegen. Tomatenscheiben, Thymianzweige und die restlichen Zitronenscheiben darüber verteilen. Den Fisch darauflegen und unbedeckt etwa 25–30 Minuten backen, bis sich der Fisch an der dicksten Stelle leicht mit einer Gabel zerteilen lässt.

ZWIEBEL und Tomate in eine Servierschüssel geben. Den Fisch darauflegen und mit Salz würzen. Mit einigen Thymianzweigen garnieren.

Die Dörrpflaumen für die Sauce werden mit ganzen Mandeln gefüllt, der Fisch mit gemahlenen Mandeln paniert.

HOUT BENOUA

FISCH MIT MANDELKRUSTE UND DÖRRPFLAUMEN

Gewöhnlich werden bei diesem Rezept ganze Fische mit Dörrpflaumen gefüllt, mit gemahlenen Mandeln »paniert« und im Ofen gebacken. Doch man kann auch Fischstücke in der Pfanne braten. Darauf achten, dass die Kruste nicht verbrennt.

4 feste weiße Fischfilets à 200 g, vorzugsweise Seehecht oder Wolfsbarsch
Meersalz
24 entsteinte Dörrpflaumen
24 blanchierte Mandeln, leicht angeröstet
30 g Butter
2 Zwiebeln, in Scheiben geschnitten
¾ TL gemahlener Ingwer
¾ TL gemahlener Zimt
1 Messerspitze frisch gemahlener schwarzer Pfeffer
1 Messerspitze gemahlene Safranfäden
1 ½ TL Zucker
3 TL Zitronensaft
3 TL Orangenblütenwasser
1 Ei
100 g gemahlene Mandeln
4 EL *smen* (s. S. 282) oder Butterschmalz
Zitronenspalten zum Servieren

FÜR 4 PERSONEN

BEI DEN FISCHFILETS Mittelstücke wählen, die nicht dicker als 3 cm sind. Haut entfernen und leicht salzen, abdecken und bis zur Weiterverwendung kühl stellen. Jede Dörrpflaume mit einer ganzen gerösteten Mandel füllen und beiseitestellen.

BUTTER in einer Pfanne zerlassen und die Zwiebeln hinzufügen. Bei niedriger Temperatur 10 Minuten unter häufigem Rühren anbraten, bis sie weich und goldgelb sind. Je ½ TL gemahlenen Ingwer und Zimt, 1 Prise Salz sowie schwarzen Pfeffer hinzufügen. Etwa 30 Sekunden rühren, bis alles duftet. Nun 250 ml Wasser zugießen und den Safran einrühren. Abdecken, 5 Minuten leise köcheln, dann gefüllte Dörrpflaumen, Zucker, Zitronensaft und Orangenblütenwasser hinzufügen und vorsichtig rühren. Deckel auflegen und 15 Minuten köcheln, bis die Pflaumen aufgequollen sind.

INZWISCHEN das Ei in einem Teller mit je dem restlichen gemahlenem Ingwer und Zimt sowie etwas Salz verschlagen. Die gemahlenen Mandeln auf einem Teller verteilen. Den Fisch in das Ei tunken, abtropfen lassen und mit den gemahlenen Mandeln panieren. Auf ein mit Backpapier ausgelegtes Blech legen.

DEN SMEN oder das Butterschmalz in einer großen beschichteten Pfanne bei mittlerer Temperatur erhitzen (das Fett sollte etwa 5 mm hoch sein). Den panierten Fisch zugeben und 2 Minuten garen, dann wenden und weitere 2 Minuten braten, bis die Stücke goldbraun und gar sind. Darauf achten, dass die Mandelkruste nicht verbrennt. Ist der Fisch noch nicht gar, auf die Zwiebel-Pflaumen-Sauce legen, abdecken und 2–3 Minuten köcheln. Die Panade darf oben nicht zu feucht werden. Den Fisch sofort mit der Zwiebel-Pflaumen-Sauce sowie Zitronenspalten – zum Beträufeln – servieren.

BESTILLA BEL HOUT

PASTETE MIT MEERESFRÜCHTEN

Die berühmte *bestilla* kann man auch mit Meeresfrüchten füllen, dafür gibt es viele Rezepte. In diesem wird die Sauce mit Eigelb eingedickt, sodass man eine saftige Füllung erhält. Wer möchte, kann sie mit gegarten Garnelen garnieren.

3 EL Olivenöl
1 große weiße Zwiebel, fein gehackt
2 Knoblauchzehen, fein gehackt
1 TL gemahlener Ingwer
1 TL gemahlene Kurkuma
1 Prise Cayennepfeffer
3 EL gehackte glatte Petersilie
3 EL gehacktes Koriandergrün
½ eingelegte Zitrone (s. S. 285), gehackt
1 kg Fischfilets, vorzugsweise Wolfsbarsch oder Cobia
250 g gegarte große Garnelen, geschält und entdarmt
375 ml Fischfond (s. S. 281)
1 Prise zerstoßene Safranfäden
2 EL Zitronensaft
6 Eigelb
125 g *smen* (s. S. 282) oder Butterschmalz, zerlassen
11 Filoteigblätter
Zitronenspalten zum Servieren

FÜR 6 PERSONEN

OLIVENÖL in einem Topf erwärmen, Zwiebel hinzufügen und bei mittelschwacher Hitze in 7–8 Minuten sehr weich garen. Knoblauch, Ingwer, Kurkuma und Cayennepfeffer hinzufügen und 1 Minute rühren, dann Petersilie, Koriandergrün und eingelegte Zitrone zugeben. Fischfilets darauflegen, abdecken und etwa 10 Minuten garen, bis der Fisch gar ist und sich leicht zerteilen lässt. Fisch auf einem Teller abkühlen lassen und in kleine Stücke zerteilen; dabei Haut und eventuelle Gräten entfernen. Die Garnelen, falls sie sehr groß sind, zerteilen, zum Fisch geben und beiseitestellen.

INZWISCHEN Fischfond, Safran und Zitronensaft in den Topf geben und weitere 15 Minuten unbedeckt köcheln lassen. Eigelbe in einer Schüssel verschlagen, die Hälfte der heißen Flüssigkeit aus dem Topf unterrühren, dann alles in den Topf zurückgeben. Bei schwacher Hitze rühren, bis die Sauce eingedickt ist. Fisch und Garnelen hinzugeben und bei Bedarf abschmecken. Beiseitestellen und auf Raumtemperatur abkühlen lassen.

DEN OFEN auf 180 °C vorheizen. Eine Pizzaform (30 cm) mit zerlassenem *smen* oder Butterschmalz einfetten. Dann sechs Filoteigblätter aufeinanderlegen und das oberste mit Fett bepinseln. Den Teig so in die Form legen, dass die Ränder überhängen. Restliche Teigblätter bepinseln und fächerförmig ausgehend vom ersten anordnen, sodass der Teig auf allen Seiten überhängt und die Form bedeckt. Füllung daraufgeben, überhängenden Teig darüberschlagen. Mit *smen* einstreichen. Restliche Teigblätter mit *smen* einfetten und fächerförmig auf der Pastete anordnen – dabei das letzte nicht bepinseln.

DEN TEIG so beschneiden, dass er ringsum 3 cm übersteht. Den Teig mit Gummispatel anheben und den überstehenden Rand unterschlagen. Mit *smen* bestreichen und in etwa 40 Minuten goldbraun backen. Mit Zitronenspalten servieren.

Der Fisch wird auf der aromatischen Kräuter-Gewürz-Mischung gegart. Füllen der Pastete.

KSEKSOU BEL HOUT

FISCHCOUSCOUS

In Küstenstädten ist es wahrscheinlich, dass als Hauptzutat im Freitagscouscous eher Fisch als Lamm oder Hähnchen verwendet wird. Dies ist ein leicht zuzubereitender Couscous, dem tiefrote Tomaten zusätzlich Farbe und Geschmack verleihen.

750 g festes weißes Fischfilet, vorzugsweise Seehecht oder Wolfsbarsch
Olivenöl zum Anbraten
3 EL Mehl
1 große Zwiebel, fein gehackt
2 Knoblauchzehen, fein gehackt
½ TL gemahlener Kreuzkümmel
1 TL Paprikapulver
1 Prise Cayennepfeffer
1 Dose gehackte Tomaten (à 400 g)
125 ml Fischfond (s. S. 281)
1 EL frische Thymianblätter
2 EL gehackte glatte Petersilie
2 EL gehacktes Koriandergrün
1 Prise Safranfäden
1 Prise Salz
Couscous zum Servieren (s. S. 278)
60 g Butter

FÜR 4–5 PERSONEN

DEN FISCH in 4 cm große Stücke schneiden. Das Öl 5 mm hoch in eine Pfanne gießen und auf mittlerer Temperatur erhitzen. Fischstücke in Mehl wälzen und im heißen Öl anbraten, dabei wenden, um sie auf beiden Seiten zu bräunen. Der Fisch muss nicht vollständig gar sein. Auf einem Teller beiseitestellen. Bratöl weggießen.

DIE PFANNE mit Küchenpapier auswischen und 3 EL Olivenöl sowie die Zwiebel hinzufügen. Bei mittlerer Hitze in 5 Minuten weich garen, Knoblauch, Kreuzkümmel, Paprika und Cayennepfeffer hinzufügen und 1 Minute mitbraten. Tomaten, Fond, Thymian, Petersilie und Koriandergrün dazugeben. Safranfäden mit 1 Prise Salz zerstoßen, in den Pfanneninhalt rühren und abschmecken. Deckel auflegen und 20 Minuten köcheln.

DEN FISCH hinzufügen, Deckel auflegen und etwa weitere 10 Minuten köcheln, bis sich der Fisch bei Druck mit der Gabelseite schuppenartig zerteilt.

INZWISCHEN den Couscous zubereiten, die Butter zum heißen Couscous geben und mit einer Gabel vermengen. Fisch und Sauce auf den Couscous schöpfen und servieren.

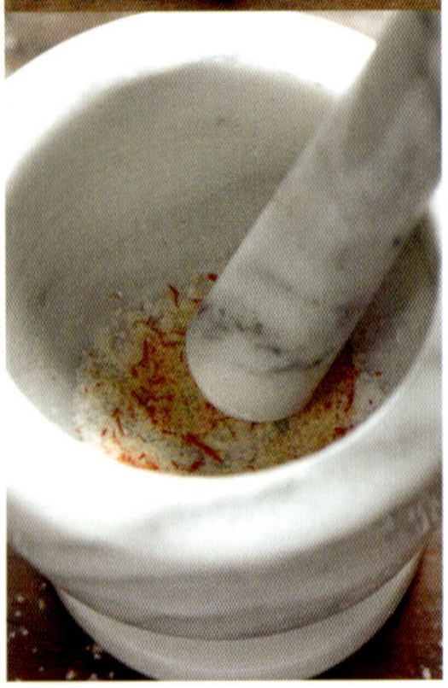

Fisch in Stücke schneiden und braten. Salz erleichtert das Zerstoßen der Safranfäden.

BOUZROUQ

MUSCHELN IN TOMATEN-CHERMOULA-SAUCE

In den Städten an der Küste werden Miesmuscheln meist eher im Restaurant als zu Hause genossen. Die Tomaten-*chermoula* ist die perfekte Sauce zum Garen. Lecker schmeckt dazu frisches Brot zum Auftunken der köstlichen Sauce.

2 kg große frische Miesmuscheln
3 reife Tomaten
½ eingelegte Zitrone (s. S. 285), gehackt
3 EL Olivenöl
1 große Zwiebel, fein gehackt
2 Knoblauchzehen, fein gehackt
1 TL gemahlener Kreuzkümmel
1 TL Paprikapulver
1 Messerspitze Cayennepfeffer
2 EL gehackte glatte Petersilie
2 EL gehacktes Koriandergrün
1 EL Zitronensaft
Koriandergrün zum Servieren

FÜR 6 PERSONEN

DIE MUSCHELN gründlich schrubben und wenn nötig Bärte entfernen. Muscheln, deren Schalen bereits geöffnet sind, auf die Arbeitsfläche klopfen und wegwerfen, wenn sie sich nicht schließen. Bis zur Weiterverwendung kühl stellen.

DIE TOMATEN schälen, indem man sie an der Unterseite kreuzweise einschneidet. 20 Sekunden in eine Schüssel mit kochendem Wasser legen. Abgießen und mit eiskaltem Wasser bedecken. Erneut abgießen und die Haut vom Kreuz her abziehen. Die Tomaten quer halbieren und die Samen herausdrücken. Die eingelegte Zitrone vorbereiten, dazu Fruchtfleisch und Häute entfernen und die Schale unter kaltem Wasser abspülen. Trocken tupfen und fein hacken.

IN EINEM großen Topf das Öl erwärmen, Zwiebel hinzufügen und bei mittlerer Hitze in etwa 5 Minuten weich garen. Knoblauch, Kreuzkümmel, Paprika und Cayennepfeffer hinzufügen. Etwa 1 Minute rühren. Tomaten, Petersilie, Koriandergrün und eingelegte Zitrone hinzufügen. Abschmecken, Deckel auflegen und 15 Minuten köcheln, bis die Tomaten weich sind. Zitronensaft zugießen.

DIE VORBEREITETEN Muscheln hinzufügen, den Topf fest verschließen und bei hoher Temperatur – etwa 6–8 Minuten lang – garen, bis sich die Muscheln öffnen; dabei den Topf gelegentlich schütteln, sodass sich die Hitze gleichmäßig verteilt. Muscheln und Sauce in Schalen schöpfen. Sollten sich einige nicht geöffnet haben, noch einmal mit etwas Sauce in den Topf zurückgeben, Deckel auflegen und etwas länger garen. Wegwerfen, wenn sie dann immer noch geschlossen sind. Die Muscheln mit Koriandergrün bestreuen und heiß servieren.

Beim Säubern der Muscheln die Bärte entfernen, danach in der *chermoula*-Sauce garen.

SÜSSE LECKEREIEN

MUHALABYA

MANDELCREMEPUDDING

Dieser cremige Milchpudding stammt ursprünglich aus dem Nahen Osten und wird mit Maisstärke, gemahlenem Reis und gemahlenen Mandeln angedickt. Rosenwasser verleiht ihm ein feines Aroma. Als Garnitur machen sich geröstete Mandelsplitter gut.

500 ml Milch
3 EL extrafeiner Zucker
2 EL Maisstärke
1 EL Reismehl
70 g gemahlene Mandeln
1 TL Rosenwasser
2 EL Mandelsplitter oder -blättchen, geröstet
1 TL extrafeiner Zucker, zusätzlich
½ TL gemahlener Zimt, zusätzlich

FÜR 4 PERSONEN

MILCH und Zucker in einen schweren Topf geben und bei mittlerer Temperatur erwärmen, bis sich der Zucker aufgelöst hat. Zum Kochen bringen.

INZWISCHEN in einer großen Schüssel Maisstärke und Reismehl mit 3 EL Wasser zu einer glatten Paste vermischen. Die kochende Milch unter ständigem Rühren mit dem Schneebesen hinzugießen, dann in den Topf zurückgießen. Bei mittlerer Hitze rühren, bis das Ganze eindickt und aufkocht. Die gemahlenen Mandeln hinzufügen und bei niedriger Hitze 5 Minuten unter gelegentlichem Umrühren köcheln, bis der Pudding dick und cremig geworden ist. Rosenwasser hinzufügen und von der Kochstelle nehmen. Hin und wieder umrühren, damit der Pudding etwas abkühlt, dann in Servierschälchen oder Gläser füllen. Etwa 1 Stunde in den Kühlschrank stellen.

DIE GERÖSTETEN Mandeln mit Zucker und Zimt vermischen und den Pudding vor dem Servieren damit bestreuen.

Am besten schmecken die Mandeln frisch blanchiert. In der Küchenmaschine mahlen und zur Milchcreme geben.

ROZZ BIL HLEEB

REISPUDDING

Dieser Milchreis wird auf einem Gemeinschaftsteller serviert und mit dem Löffel gegessen. Die Garnierung variiert – meist werden Butterstückchen auf den warmen Pudding gegeben, aber man kann ihn auch mit Rosinen und Honig dekorieren.

110 g Kurzkornreis
1 Prise Salz
1 ⅛ l Milch
2 EL Rosinen
2 EL Orangenblütenwasser
50 g extrafeiner Zucker
50 g gemahlene Mandeln
2 EL Maisstärke
einige Tropfen Mandelextrakt
2 EL Honig

FÜR 8 PERSONEN

DEN REIS mit 250 ml Wasser und 1 Prise Salz in einen großen schweren Topf geben. Auf mittlere Hitze stellen und 5 Minuten unter gelegentlichem Umrühren kochen, bis das Wasser aufgesogen ist.

VON DER MILCH 125 ml beiseitestellen. Von der restlichen Milch 250 ml in den Reis gießen, zum Köcheln bringen, und sobald sie absorbiert ist, weitere 250 ml Milch hinzufügen. Die restliche Milch auf dieselbe Weise hinzufügen und darauf achten, dass die ganze Milch eingekocht ist, ehe man neue hinzufügt – so verhindert man, dass sie überkocht. Der Reis sollte nach 30 Minuten – wenn die letzte Milch fast aufgesogen ist – sehr weich sein.

INZWISCHEN die Rosinen 15 Minuten in 2 TL des Orangenblütenwassers einweichen.

ZUCKER mit den gemahlenen Mandeln vermischen, um eventuelle Mandelklümpchen aufzubrechen. In die Reismischung rühren und 2–3 Minuten lang köcheln. Maisstärke mit der beiseite gestellten Milch gründlich vermischen und unter den Reis rühren. Sobald er eingedickt ist, weitere 2 Minuten köcheln lassen. Den Topf von der Kochstelle nehmen und Mandelextrakt und restliches Orangenblütenwasser unterrühren. Den Pudding gelegentlich umrühren, damit er ein wenig abkühlt.

DEN PUDDING in eine Servierschüssel füllen. Sobald sich oben eine Haut bildet mit den eingeweichten Rosinen bestreuen und mit Honig beträufeln. Völlig auskühlen lassen und in Portionsschälchen servieren.

Die Klümpchen in fertig gemahlenen Mandeln lassen sich aufbrechen, indem man sie mit Zucker vermischt.

KERMOUS HELWA

FEIGEN IN SIRUP

Getrocknete Feigen sind ein beliebter Imbiss. Im Winter weicht man sie gern ein, um mit den typisch marokkanischen Gewürzen ein Kompott daraus zu kochen. Dazu kann man Joghurt servieren – wenngleich das eher ungewöhnlich ist.

375 g getrocknete Feigen
blanchierte Mandeln, eine pro Feige
3 ganze Gewürznelken
3 zerdrückte Kardamomkapseln
½ TL schwarze Pfefferkörner
120 g extrafeiner Zucker
abgeriebene Schale von
½ unbehandelten Zitrone
1 Zimtstange
Joghurt zum Servieren

FÜR 4–6 PERSONEN

FEIGEN unter kaltem Wasser abspülen und in einer Schüssel mit frischem Wasser bedecken. Etwa 8 Stunden einweichen. Einweichwasser in einen Topf seihen. Je eine blanchierte Mandel in die Unterseite jeder Feige drücken. Alle Gewürze in ein Stück Musselin (Seihtuch) binden. Zucker bei mittlerer Hitze in das Einweichwasser rühren und auflösen. Zum Kochen bringen, Gewürzpäckchen, Zitronenschale, Zimtstange und Feigen zugeben. Wieder aufkochen lassen, dann köchelnd in etwa 30 Minuten im offenen Topf weich garen. Feigen mit dem Schaumlöffel in eine Servierschale heben und den Sirup darübergeben. Warm oder gekühlt mit cremigem Joghurt servieren.

SFARGEL HELWA BIL MA‘ EL WARD

QUITTEN IN ROSENWASSERSIRUP

Quitten müssen lange gekocht werden, damit sie einen schönen rosigen Ton erhalten. Die Haut lässt sich nach dem Kochen leicht entfernen. Der blumige Duft des Rosenwassers steigert das Aroma der Quitten.

2 Quitten, gut gewaschen und geviertelt
175 g extrafeiner Zucker
abgeriebene Schale von
½ unbehandelten Zitrone
2–3 TL Rosenwasser

FÜR 4–6 PERSONEN

QUITTEN in einem Topf mit Wasser bedecken. Zum Kochen bringen, abdecken und bei schwacher Hitze 40 Minuten köcheln, bis sie fast weich sind und sich verfärben. Über einer Schüssel in ein Sieb abgießen, die Flüssigkeit zurückgeben.

ZUCKER UND Zitronenschale zugeben und weiterrühren, bis sich der Zucker auflöst, dann leise weiterköcheln lassen, während die Quitten vorbereitet werden: Quitten vierteln, die Haut abziehen, das Kernhaus entfernen und jedes Viertel längs halbieren, sodass Achtel entstehen. Quitten mit Rosenwasser nach Geschmack zum Sirup geben und ohne Deckel in weiteren 30 Minuten weich und rosig köcheln. Zitronenschale entfernen und warm oder gekühlt servieren.

QUITTEN IN ROSENWASSER-SIRUP

KERMOUS MA‘ EL WARD B‘L LOUZ WAL ‘ASSEL

FEIGEN MIT ROSENWASSER, MANDELN UND HONIG

Frische Feigen gehören zu den Köstlichkeiten des Spätsommers und Herbstes und schmücken mit ihren rosa Herzen jedes Festessen.

12 frische purpurfarbige Feigen
50 g blanchierte Mandeln, leicht geröstet
3–4 TL Rosenwasser
1–2 EL Honig

FÜR 6 PERSONEN

DIE FEIGEN vorsichtig waschen und mit Küchenpapier trocken tupfen. Am Stiel beginnend jede Feige fast bis zum Boden vierteln, dann behutsam öffnen und auf einen Servierteller setzen. Abdecken und mindestens 1 Stunde kühl stellen.

DIE GERÖSTETEN Mandeln grob hacken und beiseitestellen.

EINEN GROSSEN Tropfen des Rosenwassers auf das freigelegte Innere jeder Feige träufeln und mit gehackten Mandeln bestreuen. Ein wenig Honig über die Mandeln geben. Sofort servieren.

DALAAH BI MA‘ EL WARD WAN NA‘NA‘

WASSERMELONE MIT ROSENWASSER UND MINZE

Im Sommer lässt sich ein Mahl wunderbar mit gekühlter Wassermelone abschließen. Bei Festessen wird sie häufig gewürfelt und ohne Samen serviert. Rosenwasser und Minze ergänzen die süße Melone mit ihren frischen und duftigen Aromen.

2 kg Wassermelone
3 TL Rosenwasser
frische Minzeblättchen zum Servieren

FÜR 4–6 PERSONEN

WASSERMELONE über einen Teller halten, um den Saft aufzufangen, Schale entfernen, das Fruchtfleisch in 2,5 cm große Würfel schneiden und alle sichtbaren Samen entfernen. Würfel in eine Schüssel häufen. Den Melonensaft in einen kleinen Krug füllen und das Rosenwasser unterrühren. Melone damit beträufeln, abdecken und mindestens 1 Stunde in den Kühlschrank stellen. Mit frischen Minzeblättchen bestreuen und gekühlt servieren.

WASSERMELONE MIT ROSENWASSER UND MINZE

FEIGEN MIT ROSENWASSER, MANDELN UND HONIG

25,00 DH

25,00 DH

WAS DARF'S SEIN? Eine Schatzhöhle voller bunter marokkanischer Kekse und Gebäckteilchen (links) erwartet die Käufer: Plätzchen, Zwieback, französische »Teigboote«, die darauf warten, mit Patisseriecreme gefüllt zu werden (oben Mitte), Mandel-Filo-Schnecken (oben rechts) oder eine der vielen französischen und marokkanischen Spezialitäten (unten Mitte) neben *briouats* (unten rechts).

BEIM KONDITOR

Von der Beliebtheit marokkanischen und französischen Gebäcks zeugen die vielen Bäckereien, die offenen, hübsch verzierten Stände oder die Verkäufer, die die Vitrinen mit ihren Spezialitäten bewachen. Und nur selten ist man von seiner Wahl enttäuscht.

Marokkanisches Gebäck weist zwar Verbindungen zum Nahen Osten auf, ist aber letztlich doch völlig eigenständig. *Ghoriba* findet man vom Orient bis nach Marokko in unterschiedlichen Ausprägungen, doch die Marokkaner machen ihre eigenen *baklawa*-Sorten, die einzigartig und einfach köstlich sind. Ähnlichkeiten gibt es bei den Zutaten: Mandeln, Zimt, Orangenblüten- und Rosenwasser, ein Hauch Zitronenschale und Honig sind die üblichen Zutaten vieler süßer Leckereien. Ansonsten werden je nach Patisserie auch Walnüsse, Datteln, Rosinen, getrocknete Feigen, Kümmel- und Sesamsamen verwendet.

Während in diesen Rezepten Filoteig verwendet wird, wird in Marokko ausschließlich mit *warkha*-Teig gearbeitet. Er stammt

Warkha-Teigblätter werden von diesem Konditor behutsam getrennt, um verschiedene Teilchen herzustellen (links) – zu Dreiecken, Rollen oder Schnecken geformte gefüllte *briouats*, die frittiert und in Sirup getunkt oder gebacken werden. Regale mit diversen französischen und marokkanischen Leckereien – *meringues* und anderes französisches Feingebäck sowie marokkanische Zwiebäcke und Gazellenhörnchen (rechts).

aus Persien und wurde in den Palastküchen verfeinert. Zart und hauchdünn wird er in einem speziellen Verfahren hergestellt. Man bereitet einen klebrigen, ungesäuerten Teig, lässt ihn ruhen und teilt ihn in kleine Kugeln. Der *warkha*-Meister legt einen *tobsil*, eine runde verzinkte Kupferpfanne, umgekehrt auf eine Kohlenpfanne, in der er die Hitze mithilfe von Asche kontrolliert. Sobald der *tobsil* erhitzt ist, wird er mit einem geölten Lappen eingerieben. Eine Teigkugel wird nun auf dem *tobsil* unter rhythmischem Klopfen platt geschlagen, bis man eine Teigscheibe erhält. Sobald sie an den Rändern trocknet, wird sie vom *tobsil* geschält und auf einen Stapel gelegt. Dies geht so rasch, dass ein Teigblatt in Sekunden fertig ist. Häufig misslingen die ersten zwei oder drei, doch danach sind sie perfekt, vorausgesetzt der *tobsil* wird nach jeder Teigscheibe eingeölt.

KENEFFA

KNUSPRIGE TEIGBLÄTTER MIT MANDELCREME

Frittierter *warkha*-Teig wird in diesem traditionellen Dessert mit Mandelcreme und Mandeln aufgeschichtet. Wenn man mit den Fingern Stücke abbricht, kracht das Ganze zusammen; doch Portionsscheiterhäufchen aus asiatischem *wan-tan*-Teig lösen das Problem.

MANDELCREME
750 ml Milch
35 g Maisstärke
60 extrafeiner Zucker
50 g gemahlene Mandeln
einige Tropfen Mandelextrakt
1 ½ EL Rosenwasser
100 g blanchierte Mandeln, leicht geröstet
2 EL Puderzucker, gesiebt, sowie etwas mehr zum Servieren
½ TL gemahlener Zimt
36 quadratische *wan-tan*-Blätter, auf Raumtemperatur erwärmt
Pflanzenöl zum Frittieren
ungespritzte Rosenblütenblätter zum Servieren

FÜR 6 PERSONEN

FÜR DIE MANDELCREME 125 ml Milch mit Maisstärke zu einer dünnen Paste klümpchenfrei vermischen. Restliche Milch aufkochen. Maisstärkepaste nochmals rühren und mit dem Schneebesen die kochende Milch unterschlagen. Alles in den Topf zurückgießen, Zucker und gemahlene Mandeln unterrühren. Auf dem Herd mit einem Holzlöffel weiterrühren, bis die Creme eindickt und Blasen wirft. In die Schüssel zurückgießen und Mandelextrakt sowie Rosenwasser unterziehen. Ein Stück Klarsichtfolie auf die Oberfläche drücken und abkühlen lassen. Vor der Weiterverwendung die Creme mit dem Schneebesen glatt rühren; gegebenenfalls etwas Milch unterrühren, damit sie dünnflüssiger wird.

DIE GERÖSTETEN Mandeln grob hacken, mit Puderzucker und Zimt vermischen; beiseitestellen. Ein *wan-tan*-Blatt leicht mit Wasser bepinseln, ein zweites daraufdrücken. 17-mal wiederholen.

EINE GROSSE tiefe Pfanne 1 cm hoch mit Pflanzenöl füllen und auf hohe Temperatur stellen. Sobald das Öl heiß ist, aber noch nicht raucht, auf mittlere Temperatur reduzieren und zwei *wan-tan*-Paare hineingeben. In etwa 20 Sekunden beidseitig leicht frittieren. Auf Küchenpapier abtropfen lassen. Mit den restlichen Teigpärchen wiederholen.

UM DIE Scheiterhaufen aufzuschichten, ein frittiertes Teigquadrat in die Mitte jedes Tellers legen. Mit etwas Mandelcreme beträufeln, mit 1 gehäuften TL der Mandelmischung bestreuen. Vorgang wiederholen und mit einem dritten Teigblatt abdecken. Mit ungespritzten Rosenblättern dekorieren, etwas Puderzucker darübersieben und die restliche Mandelcreme in einem Krug dazu reichen.

Wan-tan-Blätter leicht mit Wasser bepinseln, ein zweites daraufpressen. In heißem Öl frittieren.

SEFFA

SÜSSER COUSCOUS

Couscous ist das letzte herzhafte Gericht eines Festmahls, und interessanterweise wird häufig auch ein süßer Couscous serviert. Da er bei Palastbanketten beliebt ist, werden neben den üblichen Mandeln auch die teureren Pistazien und Pinienkerne verwendet.

80 g gemischte Nusskerne aus Pistazien, Pinienkernen und blanchierten Mandeln
40 g getrocknete Aprikosen
250 g Instant-Couscous
50 g extrafeiner Zucker
90 g weiche Butter
1 Prise Salz
2 EL extrafeiner Zucker zum Bestreuen
½ TL gemahlener Zimt
375 ml heiße Milch

FÜR 4–6 PERSONEN

DEN OFEN auf 160 °C vorheizen. Die Nüsse auf einem Backblech verteilen und in etwa 5 Minuten leicht rösten. Abkühlen lassen, dann grob hacken und in eine Schüssel geben. Die Aprikosen in streichholzgroße Stifte schneiden. Zu den gehackten Nüssen geben und vermengen.

COUSCOUS und Zucker in einer großen Schüssel mit 250 ml kochendem Wasser übergießen. Gut verrühren und Butter sowie 1 Prise Salz hinzufügen. Rühren, bis die Butter schmilzt. Mit einem Geschirrtuch abdecken und 10 Minuten beiseitestellen. Die Körner mit einer Gabel auflockern, dann die Hälfte der Aprikosen-Nuss-Mischung untermengen.

DEN COUSCOUS in die Mitte einer Platte häufen, die restliche Nussmischung ringsum verteilen. Zucker und Zimt vermischen und in einem Schälchen zum Couscous reichen. Die heiße Milch in einem Krug dazu servieren.

AMALOU

MANDEL-HONIG-AUFSTRICH

100 g gemahlene Mandeln
1 Prise Salz
2 EL Argan-, Walnuss- oder Macadamianussöl
1 EL dunkler Honig
3–4 Tropfen Mandelextrakt

ERGIBT 140 G

GEMAHLENE MANDELN in einer Schüssel mit 1 Prise Salz und dem Nussöl vermischen. Unter Rühren Honig und Mandelextrakt untermischen. Der *amalou* sollte weich und streichfähig sein, gegebenenfalls noch etwas Öl und Honig zugeben. Die Ölmenge hängt von der Feuchtigkeit der gemahlenen Mandeln ab. Aufstrich auf Brot, zu *beghrir* (Grießpfannkuchen, s. S. 59) oder anderen Pfannkuchen servieren. In einem verschlossenen Glas hält er sich im Kühlschrank drei bis vier Wochen; vor dem Servieren auf Raumtemperatur bringen.

MANDEL-HONIG-AUFSTRICH

SÜSSER COUSCOUS

M'HANNCHA

MANDEL-FILO-SCHNECKE

M'hanncha heißt übersetzt Schlange und ist ein mit Mandelpaste gefülltes Gebäck aus *warkha*-Teig (Filoteig ist ein guter Ersatz). Man serviert es bei Festen, und die Gäste brechen sich einfach Stücke davon ab. Dazu schmecken Minztee oder Kaffee.

1 kleines Ei, getrennt
200 g gemahlene Mandeln
30 g Mandelblättchen
125 g Puderzucker
1 TL fein abgeriebene Schale einer unbehandelten Zitrone
einige Tropfen Mandelextrakt
1 EL Rosenwasser
90 g Butter oder *smen*, zerlassen
9 Filoteigblätter
1 Prise gemahlener Zimt
Puderzucker zum Servieren

FÜR 8 PERSONEN

DEN OFEN auf 180 °C vorheizen. Eine Springform von 20 cm Durchmesser leicht einfetten.

EIWEISS in eine Schüssel geben und mit einer Gabel verschlagen. Gemahlene Mandeln, Mandelblättchen, Puderzucker, Zitronenschale, Mandelextrakt, Rosenwasser zugeben. Alles zu einer Paste vermischen.

DIE MISCHUNG in vier Portionen teilen und jede auf einem Brett zu einer Wurst ausrollen, die etwa 5 cm kürzer als der Filoteig ist – also etwa 42 cm lang und 1 cm dick. Ist die Paste zu klebrig, das Brett mit etwas Puderzucker bestäuben.

DIE ZERLASSENE Butter oder den *smen* warm halten, indem man den Topf in ein Wasserbad stellt. Ein Teigblatt zurechtlegen, die restlichen in ein trockenes Geschirrtuch schlagen oder mit Klarsichtfolie abdecken, damit sie nicht austrocknen. Das Teigblatt mit Butter bepinseln, dann ein zweites Teigblatt darauflegen und ebenfalls bepinseln. Vorsichtig eine Mandelwurst vom Brett auf den gebutterten Teig heben, sodass er mit 2 ½ cm Abstand zu den Teigkanten entlang der Längsseite liegt. Aufrollen, sodass die Füllung eingeschlossen ist. Eine Schnecke formen und mit der Nahtseite nach unten auf die Mitte des Blechs setzen, wobei man die ungefüllten Enden unterschlägt, damit die Füllung versiegelt ist. Auf gleiche Weise drei weitere »Teigschlangen« formen und um die kleinere Schnecke legen, sodass man eine große Schnecke erhält. Falls sie brechen, sie einfach mit kleinen, mit Eiweiß bepinselten Teigresten »flicken«.

DEN ZIMT zum restlichen Eigelb geben und die Schnecke damit bepinseln. In 30–35 Minuten goldbraun backen. Eventuell mit Puderzucker bestäuben und warm servieren. Bei Raumtemperatur hält sich die Schnecke bis zu zwei Tagen.

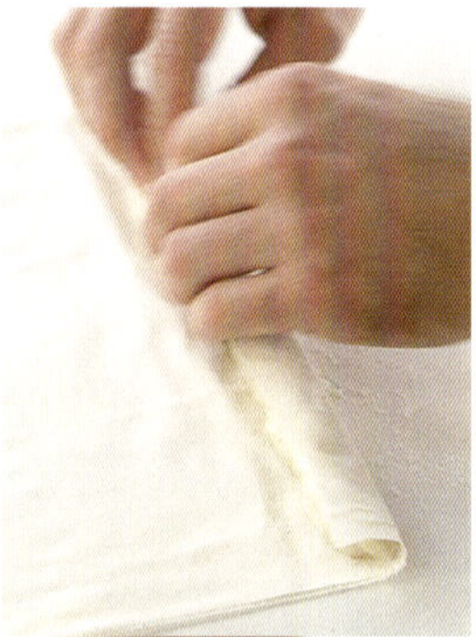

Rasches Arbeiten ist wichtig, damit die Teigrollen nicht zerbrechen.

'ASSEL DDWAZ DATAY

FRITTIERTE HONIGKUCHEN

Obwohl üblicherweise Hefeteige für Süßigkeiten wie diese leckeren Honigkuchen verwendet werden, hat man hier Eier und Backpulver bevorzugt, um die erwünschte Lockerheit zu erreichen und sich das langwierige Kneten des Teiges zu ersparen.

3 Eier
3 EL Orangensaft
3 EL Pflanzenöl
1 EL abgeriebene Schale einer unbehandelten Orange
60 g extrafeiner Zucker
300 g Mehl
1 TL Backpulver
etwa 4 EL Mehl zusätzlich
Pflanzenöl zum Frittieren

SIRUP
2 EL Zitronensaft
275 g extrafeiner Zucker
115 g Honig
1 EL abgeriebene Schale einer unbehandelten Orange

FÜR 4–6 PERSONEN

EIER, Orangensaft und Öl in einer großen Schüssel verschlagen. Die Orangenschale und Zucker hinzufügen und schaumig schlagen. Mehl und Backpulver darübersieben und mit einem Holzlöffel rühren, bis der Teig glatt, aber immer noch etwas klebrig ist.

FÜR DEN SIRUP 300 ml kaltes Wasser, Zitronensaft und Zucker in einen Topf geben und unter Rühren erhitzen, bis sich der Zucker auflöst. Zum Kochen bringen, Hitze reduzieren und 5 Minuten köcheln. Honig und Orangenschale zugeben und weitere 5 Minuten sanft kochen. Warm halten.

EIN WENIG des zusätzlichen Mehls auf den Teig streuen und ihn auf eine leicht bemehlte Fläche legen. Gerade so viel Mehl einarbeiten, dass der Teig nicht an den Händen klebt. Etwa 5 mm dick ausrollen. Der Teig ist sehr elastisch, daher so lange ausrollen, bis er sich nicht mehr zusammenzieht. Mit einer 5 cm großen Ausstechform runde Plätzchen ausstechen.

ÖL in einer großen tiefen Pfanne auf 170 °C, oder bis ein hineingeworfener Brotwürfel in 20 Sekunden bräunt, erhitzen. Jeweils drei, vier Plätzchen je 1 Minute von beiden Seiten frittieren, bis sie prall und golden sind. Mit einer Zange herausheben und auf Küchenpapier abtropfen lassen.

MIT DER ZANGE die Gebäckstücke in den warmen Honigsirup tunken, sodass sie sich vollsaugen können. Auf eine Platte legen. Warm oder kalt servieren.

Nur jeweils 3–4 Honigkuchen auf einmal im heißen Öl frittieren, damit es seine Temperatur hält. Wenn sie zu langsam braten, nehmen sie zu viel Öl auf.

TAMRA BIL GOUZ

DATTEL-NUSS-SCHNITTEN

Für die Berber, vor allem die Nomadenstämme, war die Dattel ein wichtiges Grundnahrungsmittel. Sie verarbeiteten sie mit anderen Zutaten zu Süßigkeiten. Ein hoher *smen*- und Nussgehalt steigert den Brennwert dieser süßen Leckerei noch beträchtlich.

150 g halbierte Walnusskerne oder 150 g blanchierte Mandeln
2 EL Sesamsamen
100 g *smen* (s. S. 282) oder Butterschmalz
600 g entsteinte getrocknete Datteln, grob gehackt

FÜR 6–8 PERSONEN

DEN OFEN auf 180 °C vorheizen und eine quadratische Backform von 18 cm Kantenlänge mit Backpapier auslegen. Darauf achten, dass das Papier an den gegenüberliegenden Ecken der Form überhängt – dies erleichtert das spätere Loslösen. Nüsse auf einem Backblech verteilen und 5 Minuten backen, bis sie leicht geröstet sind. Grob hacken. Die Sesamsamen in einigen Minuten auf einem Blech goldbraun backen.

DEN *SMEN* in einer großen schweren Pfanne zerlassen. Datteln hinzufügen und mit aufgelegtem Deckel bei niedriger Temperatur unter häufigem Umrühren etwa 10 Minuten garen, bis die Datteln etwas weicher geworden sind. Von der Kochstelle nehmen. Mit einem in kaltes Wasser getauchten Löffelrücken die Hälfte der Datteln auf dem Boden der vorbereiteten Form verstreichen. Die Nüsse darüberstreuen und in die Datteln drücken. Die restliche Dattelmasse über den Nüssen verteilen. Oberfläche mit feuchten Fingern glätten und festdrücken.

MIT DEN Sesamsamen bestreuen und leicht in die Datteln drücken. Beiseitestellen, und sobald alles abgekühlt ist, die feste Masse mithilfe des überhängenden Backpapiers aus der Form heben. Das Papier entfernen und vor dem Servieren in kleine Rauten schneiden.

Diese Dattelschnitten sind lecker und gesund – und kinderleicht zu machen.

7
8
9
10

16
17
18
19
90
total

DER ARGANBAUM Die Früchte des Arganbaums (oben links), die den Samen enthalten. Flaschen mit dem rötlichen Arganöl (unten links). Ziegen ernähren sich von seinen Früchten (rechts). Als man feststellte, dass die Ziegen die Nusskerne der Arganfrüchte nicht verdauen konnten; ernteten die Dörfler sie, und als man die Nüsse geknackt hatte, erwiesen sie sich nicht nur als genießbar, sondern gar als köstlich.

ARGANÖL

Außerhalb Marokkos ist Arganöl kaum bekannt, vom Arganbaum ganz zu schweigen. Allerdings ändert sich das gerade, denn das Öl seiner Nuss verfügt über erstaunliche Eigenschaften. Nicht nur kosmetisch besitzt es hohes Potenzial, es senkt auch die schlechten Cholesterine und vermehrt die guten.

Der Arganbaum wächst weltweit nur im Südwesten Marokkos unweit der Atlantikküste zwischen Essaouira und Agadir. Dort stehen ungefähr 21 Millionen Arganbäume. Und inzwischen weiß auch der Rest der Welt, dass dieser knorrige Baum ein Naturwunder mit außerordentlichem Potenzial ist.

Dorffrauen knacken seit jeher die Nüsse zwischen zwei Steinen und entfernen die Haut, unter der zwei, drei blanchierte mandelartige Nüsse zum Vorschein kommen. Und die schmecken nicht nur gut – durch Rösten, Zerstoßen beziehungsweise Mahlen und Kneten der entstandenen Paste erhält man ein sehr schmackhaftes Öl. Dieses wurde schon früher beim Kochen verwendet und zum Couscous gegeben, als Schönheitselixier ebenso benutzt wie als Mittel gegen Akne.

Frauen arbeiten mit den Nüssen, sortieren sie, trennen Nüsse von Schalen, entfernen die Häute (oben links). Das Knacken der Nüsse auf einem Stein mithilfe eines kleineren (unten links und oben rechts). Die Nüsse mit Häuten, die wie beim Blanchieren von Mandeln entfernt werden (unten Mitte). Die sauberen Nüsse (unten rechts), fertig zum Eintüten und zur weiteren Verarbeitung.

Eine ganze Heimarbeitsbranche hat sich entwickelt, und heute verbessern Frauenkooperativen die Produktion, ohne dass die Frauen ihr dringend benötigtes Einkommen verlieren. Das beschwerliche Mahlen der Nüsse und das Kneten der Paste ist heute nicht mehr nötig, obwohl die Frauen ihre altmodischen Mühlen parat halten, um es den Touristen zu demonstrieren. Heute sammeln die Kooperativen die Früchte und entfernen die weiche äußere Schicht. Säcke mit Nüssen werden den Frauengruppen zugeteilt, die dann die gesäuberten Nüsse zurückgeben. Die wiederum werden geröstet und in der Anlage der jeweiligen Kooperative gemahlen. Um einen Liter Arganöl zu erzeugen, benötigt man 62 Kilogramm Nüsse – als die Frauen noch das ganze Verfahren allein bewältigten, benötigten sie dafür 20 Arbeitsstunden.

BRIOUAT BIL FAKIYA

TROCKENOBST-PASTETCHEN

Für diese Pasteten verwendet man am besten weiche Feigen. In einem verschlossenen Behälter halten sich die Köstlichkeiten, wenn nötig, bis zu drei Tagen. Bei feuchtem Wetter sollte man sie erst unmittelbar vor dem Servieren mit Puderzucker bestäuben.

125 g *smen*, zerlassen
165 g blanchierte Mandeln
80 g entsteinte, gehackte Datteln
80 g gehackte Feigen (weiche, getrocknete Feigen)
1 EL Orangenblütenwasser
12 Filoteigblätter
Puderzucker zum Servieren

ERGIBT 18 STÜCK

IN EINER kleinen Pfanne 1 EL des *smen* erwärmen, die Mandeln hinzufügen und unter häufigem Rühren goldbraun rösten. Sofort mit dem *smen* aus der Pfanne in die Schüssel der Küchenmaschine geben. Abkühlen lassen und mixen, bis die Mandeln fein gehackt sind. Datteln, Feigen und Orangenblütenwasser hinzufügen und zu einer dicken Paste pürieren. Zu einer 25 cm langen Rolle drehen und in 18 gleich große Stücke schneiden. Jedes zu einer 10 cm langen Wurst rollen und auf Backpapier beiseitelegen.

NUN 12 Filoteigblätter mit der Längsseite nach vorne auf ein Schneidebrett stapeln. Drei gleich breite Streifen abmessen und den Stapel mit einem scharfen Messer durchschneiden, sodass man etwa 14 cm breite und 28 cm lange Streifen erhält. Aufeinanderlegen und in ein trockenes Geschirrtuch schlagen. (Bei Filoteigblättern, die kürzer als 38 cm sind, weitere Teigstreifen zurechtschneiden.)

EINEN STREIFEN mit der Schmalseite nach vorne auf die Arbeitsfläche legen und mit zerlassenem *smen* bepinseln. Einen zweiten darauflegen, ebenfalls mit *smen* bestreichen. Die Mandelfüllung 1 ½ cm von den Teigrändern entfernt aufsetzen. Das Ende des Teigs darüberfalten, Seiten einschlagen und mit *smen* bepinseln. Pasteten aufrollen und mit der Nahtseite nach unten auf ein gefettetes Backblech legen. Mit restlichen Zutaten wiederholen. Damit die Küche während des Rollens und Formens kühl bleibt, den Ofen erst anschließend auf 180 °C vorheizen.

FERTIGE PASTETEN leicht mit *smen* bestreichen und in 20 Minuten hellgolden backen. Die noch warmen Rollen mit Puderzucker bestäuben. Nach dem Abkühlen in einem luftdichten Behälter aufbewahren. Innerhalb von drei Tagen verzehren.

Beim Verarbeiten von Filoteig muss es in der Küche kühl sein. Erst danach wird der Ofen vorgeheizt.

BRIOUAT B'L LOUZ WAL 'ASSEL

IN HONIG GETUNKTE MANDEL-BRIOUATS

Streifen aus Filoteig halb mit Butter bepinseln, dann zusammenfalten und Oberseite bepinseln. Das Ende des Streifens über die Füllung schlagen, sodass er mit der Seitenkante des Teiges abschließt, dann gerade nach oben und zur anderen Seite falten, bis man das Ende des Streifens erreicht hat.

Diese knusprigen, in Honig getauchten Pastetchen sind mit einer köstlichen, nach Orangenblütenwasser duftenden Mandelpaste gefüllt. Beim Erhitzen des Honigs für den Sirup unbedingt Wasser hinzufügen, da er sonst verbrennt.

MANDELFÜLLUNG
200 g gemahlene Mandeln
60 g Butter
60 g Puderzucker
einige Tropfen Mandelextrakt
1 EL Orangenblütenwasser

TEIGHÜLLE
6 Filoteigblätter
125 g *smen*, zerlassen

HONIGSIRUP
250 g Honig
1 EL Orangenblütenwasser

ERGIBT 18 STÜCK

FÜR DIE MANDELFÜLLUNG einen schweren Topf auf mittlere Hitze stellen, gemahlene Mandeln in 3–4 Minuten unter Rühren leicht anrösten. In eine Schüssel kippen, Butter hinzufügen und verrühren, bis sie schmilzt. Nach dem Abkühlen restliche Zutaten für die Füllung zugeben und zu einer Paste vermischen.

FÜR DIE TEIGHÜLLE die Filoteigblätter mit der Längsseite nach vorne auf ein Schneidebrett stapeln und mit Lineal und scharfem Messer in 14 cm breite und 28 cm lange Streifen schneiden. Aufeinanderstapeln und mit einem trockenen Tuch abdecken, damit sie nicht austrocknen.

STREIFEN aus Filoteig auf die Arbeitsfläche legen, zur Hälfte mit *smen* bepinseln und zu 3 cm breiten Streifen zusammenfalten. Oberseite mit *smen* bestreichen und 1 gehäuften TL der Mandelfüllung aufs Streifenende setzen. Das Ende diagonal über die Füllung falten, sodass ein Dreieck entsteht. Einmal gerade nach oben, dann diagonal zur anderen Seite falten; bis zum Ende des Streifens fortfahren und überschüssigen Teig abschneiden. Mit der Nahtseite nach unten auf ein leicht gefettetes Backblech setzen. Mit restlichen Zutaten wiederholen und Oberseite leicht mit *smen* bepinseln.

DEN OFEN erst auf 180 °C vorheizen, wenn die Pastetchen fertig sind, damit die Küche während des Formens kühl bleibt. Pasteten 20–25 Minuten backen, bis sie goldbraun und prall sind.

FÜR DEN Honigsirup die Zutaten gegen Ende der Backzeit mit 50 ml Wasser in einem Topf zum Kochen bringen; Hitze reduzieren. Jeweils 2 heiße Pastetchen in den Sirup tunken. Vorsicht: Beim Tunken kocht der Honig auf. Nach 20 Sekunden mit zwei Gabeln auf ein mit Backpapier ausgelegtes Blech heben, abkühlen lassen und noch am selben Tag servieren.

GHORIBA B'L LOUZ

MANDELMAKRONEN

Diese Mandelplätzchen werden vor dem Backen in Puderzucker getunkt. Im Ofen gehen sie ein wenig auf und der Zucker bekommt Risse. Marokkanische Hausfrauen backen diese Kekse im Gemeinschaftsbackofen, um sie später zu Minztee zu genießen.

300 g gemahlene Mandeln
150 g Puderzucker
1 ½ TL Backpulver
½ TL gemahlener Zimt
1 Ei
2 TL abgeriebene Schale einer unbehandelten Zitrone
1 EL Rosenwasser
3 EL Puderzucker zusätzlich

ERGIBT ETWA 36 STÜCK

DIE GEMAHLENEN MANDELN in eine Rührschüssel geben und Puderzucker, Backpulver und Zimt darübersieben. Die trockenen Zutaten gründlich vermischen. Ei mit Zitronenschale und Rosenwasser verschlagen und zu den trockenen Zutaten geben. Zu einer festen Paste vermischen und leicht verkneten.

ZWEI BACKBLECHE mit Backpapier auslegen. Den zusätzlichen Puderzucker auf einen flachen Teller sieben. Den Ofen auf 180 °C vorheizen.

WALNUSSGROSSE Teigstücke abtrennen und zu Kugeln rollen; die Hände leicht einölen, damit der Teig nicht daran haften bleibt. Die Kugeln in den zusätzlichen Puderzucker drücken und etwas flach drücken. Vorsichtig anheben, damit der Zucker an Ort und Stelle bleibt, und mit der Zuckerseite nach oben im Abstand von 5 cm auf die Backbleche setzen, sodass sie zerlaufen können. 20 Minuten backen, danach 10 Minuten auf den Blechen stehen lassen, dann zum Abkühlen auf ein Kuchengitter heben. In einem luftdicht verschließbaren Behälter aufbewahren.

Die flach gedrückten Teigkugeln werden in Puderzucker getunkt und mit der Zuckerseite nach oben auf Bleche gesetzt.

GHORIBA DIAL JANJLANE

SESAMPLÄTZCHEN

Sesamsamen spielen hier die Hauptrolle. Ihr nussiger Geschmack kommt durch Rösten stärker zur Geltung. In Marokko kann man sie in den Patisserien der Städte kaufen und mit nach Hause oder aber in ein benachbartes Café nehmen, um sie zu genießen.

225 g Sesamsamen
150 g Mehl, gesiebt
165 g extrafeiner Zucker
1 ½ TL Backpulver
2 Eier, verschlagen
1 EL Orangenblütenwasser
2–3 EL Sesamsamen zusätzlich

ERGIBT ETWA 36 PLÄTZCHEN

DIE SESAMSAMEN in einen schweren Topf geben und bei mittlerer Hitze unter Rühren etwa 7 Minuten goldbraun rösten. Sofort in eine Schüssel schütten und abkühlen lassen. Das Mehl in demselben Topf etwa 5 Minuten bei mittlerer Hitze rühren, bis es etwas Farbe angenommen hat, dann sofort in eine zweite Rührschüssel geben.

DIE ABGEKÜHLTEN Sesamsamen in einem Mixer in zwei Durchgängen zu einem groben Pulver mahlen. Einige Samen sollten auch nach dem Mixen noch erkennbar sein. Zusammen mit Zucker und Backpulver zum Mehl geben und gründlich vermischen. In der Mitte eine Vertiefung drücken und die verschlagenen Eier und das Orangenblütenwasser hineingeben. Mit den trockenen Zutaten verrühren und zu einem glatten Teig verkneten.

DIE ZUSÄTZLICHEN Sesamsamen auf einen flachen Teller geben. Zwei Backbleche mit Backpapier auslegen oder gut mit Butter einfetten. Den Ofen auf 180 °C vorheizen.

WALNUSSGROSSE Teigstücke abreißen und zu Kugeln rollen; die Hände leicht einölen, damit der Teig nicht anhaftet. Die Kugeln in die zusätzlichen Sesamsamen pressen und etwas flach drücken. Vorsichtig mit der Sesamseite nach oben mit 5 cm Abstand auf die Backbleche setzen, damit sie noch aufgehen können. In etwa 15–20 Minuten goldbraun backen. Anschließend 10 Minuten auf den Blechen stehen lassen, danach zum Abkühlen auf Kuchengitter legen. In luftdicht verschließbaren Behältern aufbewahren.

Die Sesamsamen werden in einem schweren Topf – der für gleichmäßige Hitzeverteilung sorgt – unter häufigem Rühren geröstet und dann sofort in eine Schüssel geschüttet, damit die Samen nicht verbrennen.

GHORIBA

GRIESSPLÄTZCHEN

Ghoriba werden vom Nahen Osten bis nach Marokko gebacken, nur die Zutaten variieren ein wenig. Für diese marokkanische Variante verwendet man sowohl feinen Grieß als auch Mehl, doch man kann sie auch ganz aus Mehl backen.

250 g Butter
150 g Mehl
125 g Puderzucker
250 g sehr feiner Grieß
1 Prise Salz
2 Eier, verschlagen
1 TL natürlicher Vanilleextrakt
1 Eiweiß, leicht verschlagen
30 g halbierte, blanchierte Mandeln

ERGIBT ETWA 48 STÜCK

DIE BUTTER in einem schweren Topf bei schwacher Hitze zerlassen. Schaum abschöpfen und in eine Rührschüssel gießen; die weißen Milchpartikel verbleiben in der Pfanne. Zum Abkühlen beiseitestellen.

MEHL UND Puderzucker in eine Schüssel sieben, Grieß und 1 Prise Salz hinzufügen und gründlich vermischen. Wenn die Butter abgekühlt, aber noch flüssig ist, Eier und Vanilleextrakt einrühren, dann die trockenen Zutaten hinzufügen und zu einem festen Teig vermischen. Gründlich kneten, die Schüssel mit Klarsichtfolie abdecken und 1 Stunde stehen lassen. Zwei Backbleche mit Backpapier auslegen. Den Ofen auf 180 °C vorheizen.

TEIG NOCHMALS kneten, bis er glatt und elastisch ist. Dann 3 gestrichene Teelöffel Teig zu einer glatten Kugel rollen, den Rest des Teigs zu gleich großen Kugeln formen. Mit etwas Abstand auf die vorbereiteten Bleche setzen, sie zerlaufen kaum. Oberseiten leicht mit Eiweiß bepinseln und eine Mandel auf jedes Plätzchen drücken, dadurch werden sie etwas flacher. In etwa 20 Minuten zartgelb backen. Auf den Blechen abkühlen lassen. In luftdicht verschließbaren Behältern aufbewahren.

Um Butter zu klären, zerlässt man sie in einem Topf. Sobald sie nicht mehr schäumt, sinken die Milchpartikel nach unten. Schaum abschöpfen und das reine Fett in eine Schüssel gießen, wobei die Milchpartikel im Topf zurückbleiben.

KAAB EL GHZALL

GAZELLENHÖRNCHEN

Sie sind das beliebteste Gebäck Marokkos, das an Ständen und in Patisserien verkauft und für Festtage auch in der Familie in rauen Mengen hergestellt wird. Da die Teighülle während des Backens schrumpft, kommt die Füllung umso stärker zur Geltung.

TEIG
300 g Mehl
1 Eigelb
30 g Butter, zerlassen
2 EL Orangenblütenwasser

MANDELFÜLLUNG
300 g gemahlene Mandeln
90 g Puderzucker sowie etwas mehr zum Bestäuben
1 EL Orangenblütenwasser
1 Eiweiß, leicht verschlagen
30 g Butter, zerlassen
½ TL gemahlener Zimt
einige Tropfen Mandelextrakt

ERGIBT ETWA 28 STÜCK

FÜR DEN TEIG das Mehl in eine Schüssel sieben und eine Vertiefung hineindrücken. Eigelb mit 125 ml Wasser verschlagen und mit Butter und Orangenblütenwasser ins Mehl gießen. Zu einem weichen Teig vermischen, dann in 5 Minuten in der Schüssel zu einem glatten, elastischen Teig verkneten. Halbieren, in Klarsichtfolie wickeln und 20 Minuten ruhen lassen.

FÜR DIE MANDELFÜLLUNG alle Zutaten zu einer steifen Paste vermischen. Dann drei gestrichene Teelöffel der Füllung zu einer Kugel rollen, die restliche Paste zu gleich großen Kugeln formen. Kugeln zwischen den Handflächen zu 7 cm langen Würsten rollen. Auf Backpapier legen und beiseitestellen. Den Ofen auf 180 °C vorheizen.

EINE TEIGKUGEL auf der bemehlten Arbeitsfläche zu einem etwa 30 x 40 cm großen Rechteck ausrollen, sodass die schmalere Seite nach vorne zeigt. Drei Mandelwürste 5 cm vom unteren Teigrand entfernt und mit 3 cm Abstand voneinander und etwas Abstand von den äußeren Teigrändern platzieren. Den Teig entlang der Ränder und zwischen den Füllungen mit kaltem Wasser bepinseln. Teigkante heben, überschlagen und fest zusammendrücken. Mit einem Teigrädchen um die Füllung herumrollen, dabei einen 1 cm breiten Teigrand stehen lassen. Plätzchen auf das Blech setzen und dabei auf der Füllungsseite zu einem Hörnchen biegen. Oben mit einem Zahnstocher viermal einstechen. Den Teigrand mit einem Messer begradigen und den Vorgang wiederholen, bis Füllungen und Teig aufgebraucht sind.

IM OFEN 12–15 Minuten backen, bis sie gar, aber noch blass sind. Auf ein Kuchengitter legen und noch heiß mit Puderzucker bestäuben. Nach dem Abkühlen in einem luftdicht verschließbaren Behälter aufbewahren.

Diese »Fließbandmethode« des Füllens und Formens von Plätzchen funktioniert wunderbar, vor allem beim Backen großer Mengen.

DIE FRISCHE DER MINZE Typisches Teegeschirr (oben links). Die Kannen haben eine lange Schnauze – ideal für das Eingießen aus der Höhe. Nur die grüne (*Mentha viridis* beziehungsweise *Mentha spicata*) und die marokkanische Minze (*Mentha spicata* L. var. *crispa*) eignen sich für das Nationalgetränk. Ein paar Zweige Zitronenverbena mit Blüten (oben rechts) verleihen dem Tee den Duft von Zitrone.

TEEZEREMONIE

Die meisten Kräuter Marokkos sind am Mittelmeer und im Nahen Osten beheimatet. Teeaufgüsse waren in Marokko von jeher beliebt. Vor allem Minze gedeiht hervorragend, und Minztee wird bei Verdauungsbeschwerden und als Beruhigungsgetränk gereicht.

Während des Krimkriegs 1854 konnten britische Teehändler wegen der Handelsblockaden nicht an ihre Kunden liefern und suchten anderweitig nach neuen Märkten, zwei davon waren Tanger und Mogador. Die Marokkaner wurden begeisterte Teetrinker und stellten rasch fest, dass das blassgrüne Getränk ihren beliebten Minzeaufguss perfekt ergänzte. Die beliebteste Teesorte ist der grüne China Gunpowder. Die bauchige Teekanne (*barrad*) ähnelt mit ihrem kuppelartigen Deckel und der langen, ideal für das Gießen aus der Höhe geeigneten Schnauze der britischen Manchester-Kanne. Sie wird aus Silber, Aluminium oder Edelstahl hergestellt.

Außer mit Minze wird der Tee in bestimmten Gegenden auch mit Zitronenverbena (siehe oben), Safran, Orangenblüten oder Zimt und Wermut aromatisiert. Entscheidend dabei ist jedoch die Minzesorte. In Marokko benutzt man eine Art von grüner Minze, die auch als marokkanische oder arabische Minze, *Mentha crispa*, bekannt ist. Die Blätter sind nicht so schlank wie die der grünen Minze (*Mentha spicata*), sondern krauser und von dunklerem Grün. Aber man kann auch grüne Minze verwenden. Ebenso wichtig ist der Tee: der China Gunpowder wird bevorzugt. Bei der Sorte ist jedes Teeblatt zu einem kompakten

ZUBEREITUNG VON MINZTEE Wichtiger Bestandteil ist hochwertiger Zucker, der meist als etwa 20 Zentimeter hoher Zuckerhut gekauft wird und in lila Seidenpapier gewickelt ist. Mit einem Spezialhammer schlägt man Stücke ab. Die grüne Sorte China Gunpowder wird bevorzugt. Die Kanne wird mit kochendem Wasser angewärmt, dann der Tee hineingegeben, etwas kochendes Wasser dazugegossen,

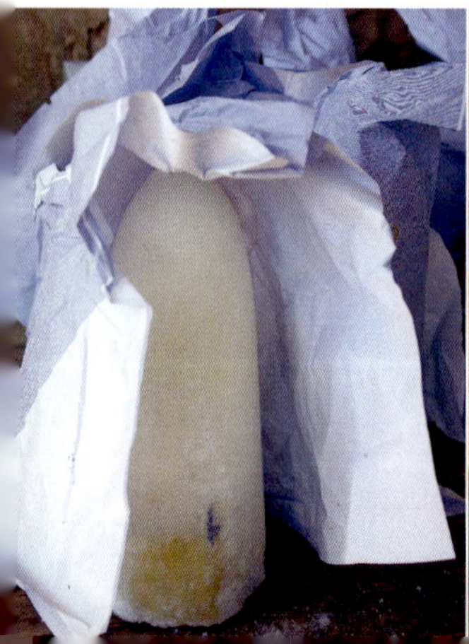

Minztee wird in Cafés serviert (oben links und Mitte), aus der Höhe eingegossen, sodass Schaum entsteht; andere Teelieferanten (oben rechts) versorgen Ladenbesitzer – zur eigenen Erfrischung oder zum Besiegeln eines Geschäfts – mit dem Sud. Junge Burschen mit Tabletts voller Minztee sind ein gewohnter Anblick in den Souks, da benachbarte Standinhaber sich ebenfalls dieses Services bedienen.

Kügelchen gerollt. Eine Alternative ist Hyson, auch hier sind die kleinen Teeblätter aufgerollt und verdreht. Beim Aufbrühen öffnen sie sich wie winzige Blütenblätter.

In der unten illustrierten Teezeremonie wird der Zuckerhut präsentiert, um vor den Gästen seine Bedeutung in diesem eher förmlichen Ritual herauszustreichen, das nach dem Abendessen vollzogen wird. Die Utensilien warten auf einem niedrigen runden Tisch, einem silbernen dreibeinigen Tablett, auf dem verzierte Teegläser, silberne Teekanne, ein Messinghammer zum Abschlagen von Zuckerstücken und ein Silberkästchen für Tee, Minze und Zuckerstücke stehen. Mit dem kochenden Wasser aus dem Samowar beginnt das Ritual: Der Tee wird, um ihn zu belüften, aus der Höhe in die Gläser gegossen. Die Etikette verlangt drei Gläser für jeden Gast. Und wie wird der Tee getrunken? Man ergreift das Glas mit Daumen und Zeigefinger der rechten Hand am Rand und schlürft …

geschwenkt, und das Wasser weggegossen, um eventuellen Teestaub zu entfernen. Dann wird die Kanne zur Hälfte mit gewaschenen und getrockneten frischen Minzezweigen gefüllt. Man gießt kochendes Wasser darauf, fügt Zucker hinzu und lässt den Tee mit aufgelegtem Deckel drei Minuten ziehen. Er wird in ein Glas und dann dreimal in die Kanne zurückgegossen, um den Aufguss zu durchmischen.

AT TAY BIN NA'NA'

MINZTEE

Das Nationalgetränk Marokkos ist allgegenwärtig – wird zu Hause, im Café, im Restaurant serviert oder auf den Feldern von den Erntearbeitern gebrüht. Ob man einen Teppich aussucht oder um eine Lederjacke feilscht, ein Glas Minztee ist stets mit von der Partie.

1 Bund frische grüne Minze
2 TL grüner Tee »Chinese Gunpowder«
2 EL weißer Zucker oder nach Geschmack

FÜR 4–6 PERSONEN

DIE ENDEN der Minzezweige kappen, sodass nur dichtes Laub stehen bleibt. Gründlich waschen, abschütteln und in ein Geschirrtuch schlagen, um überschüssige Flüssigkeit aufzusaugen. Oder aber die Minze in einer Salatschleuder trocknen.

EINE TEEKANNE mit einem Liter Volumen mit kochendem Wasser ausspülen. Tee und etwas kochendes Wasser zugeben, kurz schwenken, absetzen lassen, dann Wasser vorsichtig abgießen, um eventuellen Staub vom Tee zu waschen. Die Kanne zur Hälfte mit kochendem Wasser füllen. Eine Handvoll der Minzezweige nehmen, leicht zerdrücken und in die Kanne geben. Weitere zerdrückte Minzezweige hineingeben, bis die Kanne zu drei Vierteln gefüllt ist. Zucker hinzufügen und Kanne mit kochendem Wasser füllen. Den Tee 3 Minuten ziehen lassen.

EIN GLAS Tee ausschenken und wieder in die Kanne zurückgießen. Dies noch zweimal wiederholen, um den Tee zu mischen und den Zucker aufzu-lösen. Den Tee in Gläsern servieren, indem man ihn aus einiger Höhe eingießt und auf diese Weise belüftet. Einen nicht zerdrückten Minzezweig in jedes Glas geben.

Kraft in den Händen ist nötig, um die Mandelmilch aus ihrem Musselinbündel zu pressen. Vor der Zubereitung dieses köstlich duftenden Getränks gründlich die Hände waschen.

HLEEB B'L LOUZ

MANDELMILCHGETRÄNK

Es gibt zwei Varianten des Mandelgetränks – die eine enthält Milch, die andere lediglich Wasser (*sharbat b'l louz*). Das Milchgetränk schmeckt feiner. Herkömmlicherweise werden die Mandeln mit Zucker in einem Mörser zerstoßen, ein Mixer erleichtert dies beträchtlich.

250 g frische blanchierte Mandeln
50 g extrafeiner Zucker oder nach Geschmack
einige Tropfen Mandelextrakt
½ TL Rosenwasser
250 ml kalte Milch

FÜR 4 PERSONEN

MANDELN und Zucker mit 250 ml Wasser in einen Mixer geben. Mixen, bis die Mandeln gut zerstoßen sind.

EINEN DURCHSCHLAG mit einer doppelten Lage Musselin (Seihtuch) auslegen, auf eine Schüssel setzen und die Mandelmischung hineingießen. 3 EL Wasser in den Mixer geben und kurz einschalten, um ihm von Mandelresten zu reinigen. Ebenfalls in den Durchschlag gießen. Aus den Mandeln möglichst viel Flüssigkeit herauspressen: Dazu den Musselin oben zusammennehmen, verdrehen und fest über der Schüssel auspressen; darauf achten, dass die Mandeln gut im Tuch eingeschlossen sind. Musselin und Mandeln in den Durchschlag zurückgeben, weitere 3 EL Wasser hinzufügen, umrühren und die Mandeln erneut auspressen. Mandeln wegwerfen.

MANDELEXTRAKT, Rosenwasser und Milch unterrühren, abschmecken und, wenn nötig, noch etwas Zucker hinzufügen. Kühl stellen und servieren. (Falls ungespritzte, duftende rosa Rosenblätter erhältlich sind, ein oder zwei auf jedes Getränk legen.)

'ASSEER DEL ZHIB WA MA' EL WARD

TRAUBENSAFT MIT ROSENWASSER

Blaue Trauben verleihen diesem köstlichen Getränk seine schöne Farbe. Zum Glück sind viele kernlose Sorten erhältlich. Für ein angenehmes, leichteres Getränk können auch helle Weintrauben verwendet werden; den Zimt lässt man dann weg.

500 g gekühlte kernlose blaue Weintrauben
1 TL Rosenwasser
gemahlener Zimt zum Servieren (nach Belieben)

FÜR 2 PERSONEN

WEINTRAUBEN gründlich waschen und von den Stielen pflücken. Gut abtropfen lassen, in den Entsafter geben und Saft in einem Krug auffangen. Wenn die Trauben entsaftet sind, warten, bis sich der Saft gesetzt hat, und dann den dunklen Schaum abschöpfen. Den Krug mit Klarsichtfolie bedecken und mindestens 1 Stunde kühl stellen.

DEN SAFT in zwei hohe Gläser dekantieren, sodass eventuelle Ablagerungen im Krug bleiben. In jedes Glas ½ TL Rosenwasser rühren und, nach Belieben, leicht mit Zimt bestäuben.

TRAUBENSAFT MIT ROSENWASSER

'ASSEER DALAAH BI MA' EL WARD

WASSERMELONENSAFT MIT ROSENWASSER

Wassermelonensaft ist ein beliebtes Sommergetränk. Die Zugabe von Rosenwasser aber macht aus einem angenehmen Drink eine himmlische Erfrischung. Vor dem Auslösen des saftigen roten Fruchtfleischs die Schale mit einem feuchten Tuch abwischen.

1,5 kg Wassermelone
1 TL Rosenwasser

FÜR 2–3 PERSONEN

DIE WASSERMELONE gut kühlen. Schale entfernen und nur das rosa Fruchtfleisch in große Stücke schneiden, sodass sie in den Füllschacht des Entsafters passen. Beim Entsaften aufpassen, da die Kerne gerne aus dem Füllschacht springen.

ROSENWASSER hinzufügen, in zwei hohe Gläser gießen oder den Saft bis zum Servieren im Kühlschrank stehen lassen.

WASSERMELONENSAFT MIT ROSENWASSER

GRUNDREZEPTE

KSEKSOU

COUSCOUS (DAMPFGARMETHODE)

Sowohl gewöhnlicher als auch Instant-Couscous werden gedämpft, damit die Körner leicht und locker werden. Die traditionelle Methode, die Körner aneinanderzureiben, um Klümpchen aufzulösen, ist heute nicht mehr nötig.

Wasser auf den Couscous in der Schüssel gießen, umrühren, abgießen und 15 Minuten stehen lassen; gelegentlich umrühren. Zwischen den Dampfgängen werden die Körner üblicherweise mit den Händen aneinandergerieben, um Klümpchen zu zerteilen. Couscous während des Garens mit der Gabel auflockern.

500 g gewöhnlicher Couscous (s. S. 288)
90 g *smen* oder Kräuter-*smen* (s. S. 282) oder Butter, gewürfelt
½ TL Salz

FÜR 6–8 PERSONEN

DEN COUSCOUS in eine große flache Schüssel geben, mit kaltem Wasser bedecken, umrühren und das Wasser durch ein Sieb abgießen. Die Körner in die Schüssel zurückgeben und 10 Minuten beiseitestellen, sodass der Couscous aufquellen kann; hin und wieder mit einem Schneebesen umrühren.

DEN DÄMPFEINSATZ eines *couscoussiers* oder einen Einsatz, der exakt auf einen großen Topf passt, oder ein Metallsieb verwenden. Sollte der Einsatz nicht genau passen, einen langen gefalteten Streifen aus Alufolie um den Topfrand legen, Einsatz daraufsetzen und fest zusammendrücken.

FALLS DER EINSATZ große Löcher hat, doppelt mit Musselin (Seihtuch) auslegen. Couscouskörner in den Einsatz geben und auf den Topf mit dem zu garenden Essen oder kochendem Wasser setzen. Der Boden des Einsatzes darf das Essen beziehungsweise das Wasser nicht berühren. Erhitzen, bis der Dampf durch die Körner steigt, Deckel auflegen und 20 Minuten dämpfen. Gelegentlich mit der Gabel auflockern, damit sie gleichmäßig dämpfen.

COUSCOUS in die Schüssel geben, *smen* und ½ TL Salz hinzufügen, mit 125 ml kaltem Wasser beträufeln. Erneut mit dem Schneebesen durchrühren. Nun kann der Couscous mit einem feuchten Tuch bedeckt und, wenn nötig, mehrere Stunden beiseite gestellt werden. Etwa 20 Minuten vor Ende der Garzeit des Essens in den Einsatz zurückgeben und wieder auf Eintopf oder kochendes Wasser setzen. Ohne Deckel dämpfen und gelegentlich mit der Gabel auflockern. In die Schüssel geben, mit dem Schneebesen durchrühren und nach Rezept servieren.

BEI VERWENDUNG von Instant-Couscous: Obigen Anweisungen folgen, doch jeweils nur 10 Minuten dämpfen.

ROZZ ZA'FARAN

SAFRANREIS

Der andalusische Einfluss ist in diesem beliebten nordmarokkanischen Reisgericht nicht zu verleugnen. Während Marokkaner den Reis – langwierig – dämpfen, bedient man sich hier der Absorptionsmethode. Kurzkornreis ist die bevorzugte Sorte.

Reis ins erhitzte Öl geben und rühren, bis er glasig wird, dann die Flüssigkeit zugeben.

500 g Kurzkornreis
2 EL Olivenöl
1 Prise gemahlene Safranfäden
1 Prise Salz
20 g Butter

FÜR 6 PERSONEN

DEN REIS in einem Sieb waschen, bis das Wasser klar bleibt, dann gut abtropfen lassen.

DAS ÖL bei mittlerer Temperatur in einem schweren Topf erhitzen und den Reis unter Rühren hinzufügen, bis er gleichmäßig mit Öl überzogen ist. Dann 900 ml Wasser, Safran und 1 Prise Salz hinzufügen und gut umrühren. Bei starker Hitze zum Kochen bringen und 1 Minute sprudelnd kochen.

AUF NIEDRIGE HITZE schalten, Deckel auflegen und etwa 10–12 Minuten kochen, bis alles Wasser absorbiert ist und sich »Löcher« an der Reisoberfläche bilden. Herd ausschalten, und den abgedeckten Topf 10 Minuten darauf stehen lassen. Butter zugeben und mit einer Gabel auflockern. In eine Servierschüssel geben. Safranreis passt gut zu Fischgerichten, kann aber auch statt Couscous serviert werden.

MARQA DEL HOUT

FISCHFOND

Die beim Filetieren übrig gebliebenen Gräten und der Kopf eignen sich hervorragend für die Zubereitung eines Fonds. Bevorzugt Tiefseefische wählen. Der Fond kann gut eingefroren und bei Bedarf aufgetaut werden.

FISCHFOND

1 kg Fischköpfe und Gräten
1 kleine weiße Zwiebel, in Scheiben geschnitten
1 Karotte, in Scheiben geschnitten
½ Bund glatte Petersilie
1 kleine Selleriestange mit Blättern, grob gehackt
6 schwarze Pfefferkörner
1 TL Salz

ERGIBT 1,25 L

KIEMEN entfernen und Fische in kaltem Wasser gut abspülen. In einen Suppentopf geben und Zwiebel, Karotte, Petersilie und Sellerie hinzufügen. Mit 1,5 l Wasser auffüllen. Bei mittlerer Hitze langsam zum Sieden bringen und, falls nötig, Schaum abschöpfen. Pfefferkörner und Salz hinzufügen und 20 Minuten köcheln. Durch ein mit Musselin (Seihtuch) ausgelegtes Sieb in eine Schüssel gießen, abdecken und bis zur Weiterverwendung kühl stellen. Hält sich im Kühlschrank bis zu vier Tagen, tiefgekühlt bis zu zwei Monaten.

Die Butter schäumt auf. Sobald sich die Milchpartikel verfärben, das Fett in eine Schüssel seihen.

SMEN

BUTTERSCHMALZ

Die Butter wird zerlassen und erhitzt, bis sich die Milchpartikel absetzen, zu bräunen beginnen und dem *smen* ein nussiges Aroma verleihen. Bei Butterschmalz wird der Schaum abgeschöpft und das Reinfett in einen Behälter gegossen, ehe die Milchpartikel bräunen.

250 g Butter, gewürfelt

ERGIBT 175 G

BUTTER in einem schweren Topf auf niedrige Temperatur erhitzen. Bei einem Gasherd mit einem Hitzeverteiler auf den kleinsten Brenner stellen, da Butter bei zu starker Hitze gerne spritzt.

NUN 25 MINUTEN sehr vorsichtig köcheln lassen. Durch ein mit Musselin (Seihtuch) ausgelegtes Sieb in eine Schüssel gießen. Das reine Fett ist der *smen* mit seinem leichten Nussgeschmack. In versiegeltem Glas im Kühlschrank aufbewahren, obwohl man ihn auch, wie in Marokko, bei Raumtemperatur lagern kann. Er hält sich viele Monate.

FÜR SÜSSES GEBÄCK aus Filoteig wird *smen* trotz seines Nussgeschmacks empfohlen, da sich bei Verwendung ungeklärter zerlassener Butter die auf den Filo gepinselten Milchpartikel beim Backen dunkel verfärben und das Aussehen des Gebäcks beeinträchtigen.

KRÄUTER-*SMEN*

SMEN BIZ ZA'TAR

BUTTERSCHMALZ MIT KRÄUTERN

Traditionell wird dieser *smen* ein Jahr oder länger in einem Steinkrug vergraben, was ihm ein kräftiges Käsearoma verleiht. Sehr beliebt zu Couscous. Rascher geht es, wenn man gleiche Menge Kräuter-*smen* und Blauschimmelkäse vermischt.

2 EL getrockneter *za'tar* (wilder Thymian) oder getrockneter griechischer Thymian
2 TL grobes Salz
250 g Butter

ERGIBT 175 G

ZA'TAR oder getrockneten Thymian und Salz in ein mit Musselin (Seihtuch) ausgelegtes Sieb geben. Butter nach obigen Anweisungen erhitzen und langsam über die Kräuter-Salz-Mischung geben. In einem versiegelten Glas im Kühlschrank aufbewahren. In Marokko lässt man *smen* Monate, sogar Jahre lang reifen, sodass er ein starkes Aroma entwickelt. Dies ist eine mildere Variante.

HAMED MARKAD

EINGELEGTE ZITRONEN

Eingelegte Zitronen sollte man mit frischen reifen und unbehandelten Früchten zubereiten. Zitronen aus dem Supermarkt sind gewöhnlich mit einer Wachsschicht überzogen, die sich auch mit Scheuerbürste und warmem Wasser kaum entfernen lässt.

8–12 dünnhäutige unbehandelte Zitronen
grobkörniges Meersalz
1–2 zusätzliche unbehandelte Zitronen
schwarze Pfefferkörner
Lorbeerblätter

ERGIBT EIN GROSSES GLAS

ZUR VORBEREITUNG der Gläser den Ofen auf 120 °C vorheizen. Glas und Deckel in heißer Seifenlauge waschen und mit heißem Wasser ausspülen. Das Glas 20 Minuten in den Ofen stellen, bis es vollständig trocken ist. Nicht mit einem Geschirrtuch abtrocknen.

FALLS DIE Zitronen sehr fest sind, drei Tage mit Wasser bedeckt einweichen und das Wasser täglich wechseln. Zitronen, vom Stielende bis fast zur Unterseite in Viertel schneiden. Nun 1 EL grobes Meersalz in jede Zitrone geben, zusammendrücken und in ein Glas legen. Wiederholen, bis das Glas voll ist, 1 EL Salz zwischen die Lagen streuen. Die Zitronen möglichst eng in das Glas zwängen und, nach Belieben, einige Pfefferkörner und ein Lorbeerblatt in jedes Glas geben.

DIE ZUSÄTZLICHEN Zitronen waschen und den Saft von 1 Zitrone in jedes Glas geben. Mit leicht abgekühltem, gekochtem Wasser füllen. Die gewaschene Schale einer ausgedrückten Zitronenhälfte darauflegen – sollte sich oben ein harmloser weißer Film bilden, kann die Zitronenschale beim Öffnen des Glases weggeworfen werden. Verschließen und vier Wochen lang an einem kühlen, dunklen Ort aufbewahren; dabei während der ersten Wochen die Gläser täglich vorsichtig schütteln, um das Salz aufzulösen. Die trübe Flüssigkeit wird allmählich klar. Die Zitronen halten sich sechs Monate oder länger. Nach dem Öffnen im Kühlschrank aufbewahren.

VORBEREITUNG zum Kochen: Mit sauberer Gabel eine Zitrone herausnehmen. In Viertel zerteilen und unter fließendem Wasser abspülen. Fruchtfleisch entfernen und wegwerfen. Schale abspülen, mit Küchenpapier trocken tupfen und wie im Rezept beschrieben verwenden.

Um eingelegte Zitronen in Rezepten zu verwenden, das Fruchtfleisch mit einem Löffel entfernen. Dann die Schale abspülen, mit Küchenpapier trocken tupfen und wie beschrieben verarbeiten.

Die getrockneten Chilischoten vor dem Einweichen hacken. Mit dem Mixer ist die Harissa im Nu zubereitet.

HARISSA

SCHARFE CHILIPASTE

Harissa ist sehr scharf, sodass man die Paste vorsichtig dosieren sollte. Für eine mildere Paste die Chilischoten aufschlitzen (statt sie zu hacken), ehe man sie in kochendes Wasser legt. Und vor der Weiterverarbeitung die Samen herauskratzen.

- 125 g getrocknete rote Chilischoten, Stiele entfernt
- 1 EL getrocknete Minze
- 1 EL gemahlener Koriander
- 1 EL gemahlener Kreuzkümmel
- 1 TL gemahlene Kümmelsamen
- 10 Knoblauchzehen, gehackt
- 125 ml Olivenöl
- ½ TL Salz

ERGIBT 1 GLAS À 600 G

UM DAS GLAS vorzubereiten, den Ofen auf 120 °C vorheizen. Glas und Deckel in heißer Seifenlauge waschen und mit heißem Wasser abspülen. Das Glas 20 Minuten in den Ofen stellen, bis es vollkommen trocken ist. Nicht mit dem Geschirrtuch abtrocknen.

DIE CHILISCHOTEN grob hacken, dann kochendes Wasser darübergießen und 1 Stunde einweichen. Abgießen, in den Mixer geben und Minze, Gewürze, Knoblauch, 1 EL Olivenöl und Salz hinzufügen. Etwa 20 Sekunden mixen, dabei die Paste immer wieder von den Wänden der Mixschüssel schaben. Dann weitere 30 Sekunden mixen. Mit laufendem Motor langsam das restliche Öl untermischen. Paste von den Wänden lösen, wenn nötig.

HARISSA ins Glas füllen, mit etwas Olivenöl bedecken und verschließen. Etikettieren und datieren. Gekühlt hält sie sich bis zu sechs Monaten.

GEWÜRZMISCHUNG

RAS EL HANOUT

GEWÜRZMISCHUNG

- ½ TL gemahlene Nelken
- ½ TL gemahlener Cayennepfeffer
- 2 TL gemahlener Piment
- 2 TL gemahlener Kreuzkümmel
- 2 TL gemahlener Ingwer
- 2 TL gemahlene Kurkuma
- 2 TL gemahlener schwarzer Pfeffer
- 2 TL gemahlener Kardamom
- 3 TL gemahlener Zimt
- 3 TL gemahlener Koriander
- 2 Muskatnüsse, frisch gemahlen (oder 6 TL gemahlene Muskatnuss)

ERGIBT 60 G

SO FRISCHE Gewürze wie möglich, entweder einer verlässlichen Marke oder aber beim Gewürzhändler, einkaufen. Alle gemahlenen Gewürze in einem sauberen Glas vermischen und an einem kühlen, dunklen Ort aufbewahren. Oder aber die ganzen Gewürze in denselben Mengen verwenden und frisch in einer Gewürzmühle mahlen. Dabei sollte man die Muskatnüsse jedoch gesondert reiben, da die meisten Mühlen damit überfordert sind.

GLOSSAR ZU MAROKKANISCHEN LEBENSMITTELN UND IHRER ZUBEREITUNG

Anissamen Die hellbraunen Samen zeichnen sich durch einen milden Lakritzgeschmack aus. Sie sind ein beliebtes Gewürz, mit dem man auch Brot bestreut. Außerdem wird es für den süßen, zwiebackähnlichen Toast namens *fekkas* verwendet, ein Hefebrot, das man einen Tag nach dem Backen in Scheiben schneidet und im Ofen aufbackt. In den meisten Haushalten hält man *fekkas* als Begleiter zum morgendlichen Minztee stets vorrätig.

Couscous Aus groben Grießkörnern und Hartweizenmehl hergestellt. Die Grießkörner werden mit Salzwasser beträufelt und mit Mehl zusammen gerollt, sodass sie winzige Kügelchen bilden. Das machen einige Köchinnen noch immer mit der Hand, doch heutzutage werden meist Maschinen dafür verwendet. Sowohl der lose verkaufte (normale) Couscous als auch der abgepackte Instant-Couscous müssen gedämpft werden, damit die Körner richtig aufquellen und leicht und locker werden. Herkömmlichen Couscous findet man in arabischen Läden; in Supermärkten gibt es meist nur Instantware.

Couscoussier Die französische Bezeichnung für den Topf, in dem der Couscous gedämpft wird; in Marokko heißt das Unterteil *qadra*, der Aufsatz *keskes*, doch der französische Name ist auch in Marokko gebräuchlich. Das Unterteil ist hoch und leicht bauchig, der Dämpfaufsatz dient zum Garen des Couscous. Der traditionelle *couscoussier* aus verzinntem Kupfer hat keinen Deckel, die Aluminiumvariante schon. Der ursprüngliche *couscoussier* der Berber war aus Steingut.

Dicke Bohnen (Favabohnen) Nur sehr junge Bohnen werden für Tajines verwendet; sind sie reifer, werden die Bohnen geschält und die Garzeit reduziert. Getrocknete Dicke Bohnen verarbeitet man zu Bohnensuppe oder Dip; dafür müssen sie vorher 48 Stunden an einem kühlen Ort eingeweicht werden, wobei man das Wasser 3–4-mal wechselt und dann die ledrigen Häute vor der Verwendung entfernt. Getrocknete, enthäutete Dicke Bohnen werden in nordafrikanischen und arabischen Läden als *ful*-Bohnen angeboten.

Dörrpflaumen Die Dörrpflaume ist die getrocknete Version der Zwetschge oder Damaszenerpflaume. In Fleisch-Obst-Tajines ersetzt sie häufig die Dattel, wird jedoch auch als intensiv schmeckende süßsaure Frucht, die sich gut mit Gewürzen verbindet, verwendet. Die heutigen Dörrpflaumen müssen nicht mehr eingeweicht werden – sie sind feucht und saftig und verleihen marokkanischen Gerichten ein wunderbares Aroma. Das Entsteinen der Pflaumen ist zwar kinderleicht (wenn auch klebrig), doch es gibt auch bereits fertig entsteinte zu kaufen.

Eingelegte Zitronen werden in Tajines und vielen marokkanischen Gerichten verwendet und verleihen diesen einen ganz eigenen Geschmack. Man kann sie selbst zubereiten (s. S. 285) oder die auf marokkanische Weise haltbar gemachten Zitronen in arabischen Feinkostläden kaufen.

Feigen Diese bemerkenswerte Frucht spielt in der Mittelmeerregion seit jeher eine wichtige Rolle. Die frische Frucht, sowohl die purpurfarbene als auch die grüne Sorte, taucht schon zu Sommerbeginn auf. Die Mehrheit der Feigen wird jedoch getrocknet konsumiert und wie Halsketten auf getrockneten Dattelwedeln aufgereiht. Die frische Frucht wird zum Ende der Mahlzeit genossen, die getrocknete als Imbiss. Oder aber man nimmt sie zum Kochen oder verarbeitet sie mit Datteln zu süßen Gebäckfüllungen.

Filoteig Dieser dünne Teig der Levante ist zwar nicht marokkanisch, jedoch außerhalb des Landes ein Ersatz für *warkha*-Teig. In den Rezepten wurden gewisse Maße hinsichtlich Teigblatt und Streifengröße angegeben, die als Anhaltspunkt dienen sollen. Entscheidend ist jedoch der richtige Gebrauch. Stets nach Packungsanleitung auftauen; ob gefroren oder nur gekühlt, vor dem Öffnen der Packung und der Verarbeitung muss der Teig 2 Stunden bei Raumtemperatur ruhen. Die Blätter flach auf die Arbeitsfläche legen, und während der Zubereitung die restlichen Blätter in ein trockenes Geschirrtuch oder Klarsichtfolie einschlagen; nie feuchte Tücher auf den Teig legen. Die Küche sollte, wenn möglich, kühl und zugfrei sein.

Gharbal Ein heute aus Metallgeflecht bestehendes Sieb, das früher aus gelochtem Leder hergestellt wurde. Man verwendet es beim Herstellen der Couscouskörner zum Sieben, sodass man die größeren Teilchen zum erneuten Bearbeiten in den *gsaa* zurückgeben kann. Auch für andere Siebvorgänge zu verwenden.

Granatapfel Die Marokkaner lieben Farben, und die rubinroten Samen des Granatapfels werden gerne über frische Obstplatten gestreut. Granatapfelsaft ist ein beliebtes Getränk, und eine Zitruspresse – vor allem eine mit Hebel – eignet sich gut zum Auspressen. Die Samen müssen von der weißen Haut getrennt werden, um sie herauszulösen (gewöhnlich reichen dazu ein paar harte Schläge gegen die äußere Rinde eines aufgeschnittenen Granatapfels). Entsafter können die Samen aufreißen, sodass der Saft einen bitteren Geschmack erhält. Den gekühlten Saft mit etwas Rosenwasser servieren. Der in nahöstlichen Lebensmittelgeschäften verkaufte Granatapfelsirup wird in Marokko nicht verwendet.

Grieß Das gemahlene innere Nährgewebe von Hartweizen von blassbeiger oder hellgelber Farbe und körnigem Aussehen. Er kann sehr fein (fast wie Mehl), fein oder grob sein, wobei letzterer Körnungsgrad bei der Herstellung von Couscous verwendet wird. Feiner und grober Grieß werden als Frühstücksgetreide verkauft. Sehr feiner Grieß ist in nordafrikanischen und arabischen Lebensmittelläden erhältlich. Grieß nicht mit Grießmehl verwechseln, das bei der Pastaherstellung Verwendung findet und im Grunde Hartweizenmehl ist.

Gsaa Eine große flache Holz- oder Steingutschüssel, in der Brot geknetet oder Couscouskörnchen hergestellt werden. Ein Steingut-*gsaa* wird auch zum Einweichen des Couscous vor dem Garen verwendet und zum Reiben und Trennen der Körnchen während und nach dem Garen.

Gummi arabicum Kleine Tränen aus dem getrockneten Saft der Acacia arabica und anderer Bäume der Mimosoideae-Familie. Manchmal wird er irrtümlich in Rezepten angeführt, in denen eigentlich Mastix verwendet werden sollte. Gummi arabicum dagegen wird benutzt, um Wasser zu aromatisieren; ein paar Tränen werden auf die Asche einer Kohlenpfanne geworfen und ein unglasierter Krug über den Rauch gestürzt. Man lässt ihn eine Weile stehen, sodass das Aroma den Krug durchdringen kann. Das in dem Krug aufbewahrte Wasser absorbiert dann dieses Aroma.

Harissa Ein tunesisches Gewürz, das in Marokko sehr populär ist und in Feinkostläden und arabischen Geschäften erhältlich ist. Man kann es auch selbst herstellen (s. S. 286). Mit Vorsicht verwenden, da es sehr scharf ist.

Hefe Trockenhefe ist in Tütchen zu 7 g erhältlich und entspricht ½ Frischhefewürfel (1 Würfel = 42 g). Man sollte frische Hefe stets in einem fest verschlossenen Behälter im Kühlschrank aufbewahren. Wenn das Haltbarkeitsdatum abgelaufen ist, 1 TL Hefe mit 1 TL Zucker in 125 ml warmem Wasser auflösen und 15 Minuten an einem warmen Ort stehen lassen. Wenn sie schäumt, kann man die Hefe verwenden, andernfalls wegwerfen und ein frisches Päckchen kaufen.

Honig Gute marokkanische Honigsorten sind dickflüssig und duften intensiv nach Kräutern. Ist kein marokkanischer Honig erhältlich, eignet sich griechischer Thymianhonig ebenso. Orangenblütenhonig ist leicht und aromatisch und nahezu überall im Lebensmittelhandel zu finden.

Ingwer Nur getrockneter Ingwer findet in der marokkanischen Küche Verwendung. Nicht mehr verwenden, als in den Rezepten angegeben ist, da zu viel Ingwer zu einem bitteren Geschmack führen kann.

Kichererbsen Enthäutete Kichererbsen werden bevorzugt, da sie die Aromen besser aufnehmen. Die Kichererbsen über Nacht einweichen; am nächsten Tag mit den Händen aus dem Wasser heben und zwischen den Fingern reiben, um die Häute zu lösen; dann die im Wasser treibenden Häute abschöpfen. Die Kichererbsen mit frischem Wasser aufgießen und in mindestens 1 Stunde weich kochen oder gleich zu Beginn der Garzeit an einen Eintopf oder in eine Suppe geben. Kichererbsen aus der Dose lassen sich ebenfalls verwenden. Wer möchte, kann die Häute dranlassen, wie es moderne marokkanische Köche tun. Wen die Häute jedoch stören, sollte enthäutete Kichererbsen verwenden. 220 g getrocknete Kichererbsen ergeben 2 ½ Tassen gekochte. Das entspricht 2 Dosen Kichererbsen (à 400 g).

Koriander (Cilantro) Dieses wesentliche Aroma der marokkanischen Küche hat im frischen Zustand fedrige grüne Blätter mit einem etwas penetranten Duft. Koriandersamen dagegen werden gemahlen als Gewürz verwendet.

Kreuzkümmel Mit seinem warmen, süßen, aber dennoch kräftig-erdigem Aroma gehört Kreuzkümmel zu den beliebtesten Gewürzen der Region. Dunklerer Kreuzkümmel von grünlich-brauner Farbe und öliger Textur ist vorzuziehen. Am besten schmecken frisch gemahlene Samen. Eine Mischung aus Kreuzkümmel und Salz nimmt man gerne zum Nachwürzen; bei Streetfood würzt diese Mischung gekochte Eier, *méchoui*-Stücke (am Spieß gebratenes Lamm), Lammkebabs und Lammleberkebabs. Bei Tisch serviert man sie in Schälchen vorzugsweise zu gedämpftem Huhn oder Lamm.

Maiskolben Zuckermais, ein beliebter Straßenimbiss, wird so geschnitten, dass ein Teil des Stiels als »Griff« erhalten bleibt. Die Kolben werden geschält, die Fäden entfernt und auf dem Holzofenfeuer gegrillt. Ehe man sie dem Kunden in die Hand drückt, werden sie in Salzwasser getunkt, wodurch sie schön feucht und sehr schmackhaft sind.

Maismehl, gelbes Getrocknete gelbe Maiskörner, die zu einem Mehl vermahlen wurden, welches in feiner, mittlerer oder grober Körnung unter anderem in Bioläden erhältlich ist: Nicht mit Polenta zu verwechseln, die es in Marokko nicht gibt. Maismehl wird in ländlichen Gegenden als Brotzutat und zum Bestreuen von Brotlaiben verwendet – um ihnen Knusprigkeit und Geschmack zu verleihen.

Mandeln Ganze Mandeln, Mandelsplitter und gemahlene Mandeln werden häufig in süßen wie auch pikanten Gerichten verarbeitet. Sind gemahlene Mandeln nicht erhältlich, kann man sie durch ganze Mandeln oder Mandelsplitter ersetzen, die man in der Küchenmaschine vermahlt. Dazu sehr frische, trockene Mandeln verwenden und sie so rasch wie möglich verarbeiten, damit sie nicht ölig werden – weshalb Mandelsplitter womöglich günstiger sind.

Mandeln, blanchierte Mandeln sind haltbarer, wenn man sie mit Haut kauft, und schmecken besser, wenn man sie frisch blanchiert. Dazu mit heißem Wasser überbrühen, 5 Minuten stehen lassen, abgießen und die Kerne nach dem Abkühlen aus den Häuten drücken. Auf einem mit

Küchenpapier ausgelegten Backblech verteilen und trocknen lassen oder 5 Minuten bei schwacher Hitze in den Ofen stellen. In einem verschlossenen Behälter im Kühlschrank aufbewahren.

Mandeln, grüne Im Hochsommer, wenn die Steinfrüchte noch grün und die Mandelschalen innen noch weich sind, tauchen sie in den Souks auf. Man weicht sie ein bis zwei Tage in Salzwasser ein und verspeist sie dann ganz als Imbiss.

Mangold Auch als Blatt- oder Stielmangold beziehungsweise Krautstiel bekannt, ist eine Kulturform der Rübe. Die Blätter sind leuchtend grün, zerknittert und von weißen Rippen durchzogen, die sich zu einem Stängel verbreitern. Bei Nordafrikanern und im Vorderen Orient vermutlich auch deshalb so beliebt, weil er in diesen Gegenden hervorragend gedeiht.

Mastix Harztränen eines Nadelbaums, der in Mittelmeergegenden, wie etwa der griechischen Insel Chios, gedeiht. Wird zum Aromatisieren von süßem Gebäck verwendet, vor allem in Marrakesch, wo man es der Mandelfüllung von Plätzchen zusetzt. Nicht zu verwechseln mit Gummi arabicum, der zum Räuchern und als Klebstoff verwendet wird.

Merguez Ein Lammwürstchen tunesischen Ursprungs und auch in Marokko beliebt. Es wird mit Harissa, Paprika, Piment, Fenchel, schwarzem Pfeffer, Kreuzkümmel, Koriandersamen und Knoblauch gewürzt. Normalerweise ist es sehr scharf, doch hängt dies auch stets vom Hersteller ab.

Nudeln siehe *sheriya*

Olivenöl Wird und wurde in Salaten verwendet, doch gibt es auch in Marokko einen zunehmenden Trend, *smen* der Gesundheit zuliebe durch Olivenöl oder andere Öle zu ersetzen. Wenn auch jeweils genau spezifiziert, kann man generell sagen, dass bestes Olivenöl (extra vergine) meist für Salate empfohlen wird, gewöhnliches Olivenöl dagegen zum Kochen. Andere Pflanzenöle wie Sonnenblumen-, Distel- oder Erdnussöl verwendet man in der Regel zum Frittieren.

Orangenblütenwasser Wird durch Destillieren der Blüten der bitteren Pomeranze (Sevilla-Orange) hergestellt. Es stammt aus dem Nahen Osten und wurde von den Arabern in Nordafrika eingeführt. Wird zur Aromatisierung von Getränken und süßen wie pikanten Speisen verwendet. Siehe auch »Rosenwasser«.

Paprikapulver Am häufigsten wird in Marokko spanisches mildes Paprikapulver gewählt, wegen der Farbe ebenso wie wegen des Geschmacks. Edelsüßes ungarisches Paprika nimmt man auch.

Paprikaschoten In Marokko verwendet man milde Paprikaschoten, die weniger fleischig als unsere, kleiner und spitz zulaufend sind – vergleichbar den in türkischen Lebensmittelläden erhältlichen Spitzpaprika.

Petersilie Glatte Petersilie ist gebräuchlich. Alternativ kann man auch krause verwenden und auch ein paar Stängel mithacken, um ihr Aroma beim Garen zu intensivieren.

Quitte Eine beliebte Winterfrucht für Tajines. Obwohl Quittenpaste in Marokko nicht hergestellt wird, eignet sie sich, sofern keine frischen Früchte erhältlich sind, gut für diese Rezepte.

Ras el hanout Eine Mischung zahlreicher Gewürze, die je nach Hersteller variieren. Manche Mischungen werden sorgfältig geheim gehalten. Ein Rezept für eine eigene Mischung findet sich auf Seite 286. In Feinkost- oder Gewürzläden gibt es fertige Mischungen.

Rashasha Ein verzierter Flakon aus buntem Glas mit rundlichem Körper und hohem schlankem Hals, der aufwendig mit silbernem Metall verziert ist. Er ist mit Orangenblüten- oder Rosenwasser gefüllt. Beim marokkanischen Handwaschritual bei förmlichen Essen werden die Hände nach dem Waschen leicht mit dem Blütenwasser besprengt.

Reis Kurzkornreis und solcher von mittlerer Körnung wird vorgezogen. Gegessen wird Reis hauptsächlich im Norden, wo der spanische Einfluss stärker ist. Allerdings dämpfen die Marokkaner den Reis dreimal in einem *couscoussier* oder in einem mit Musselin (Seihtuch) ausgelegten Sieb über kochendem Wasser. In den Rezepten werden traditionelle Reisgarmethoden angewandt.

Rosenwasser Ein Destillationsprodukt aus duftenden Rosen, das aus Persien stammt und von den Arabern in Nordafrika eingeführt wurde. Im Mai werden frische Rosenblütenblätter und Rosenknospen in den Souks verkauft. Viele Einheimische destillieren ihr eigenes Rosenwasser mithilfe eines *alembic*, eines alten Destilliergeräts, das sich in Marokko und dem Nahen Osten noch heute im Gebrauch befindet. Wo Orangenblüten erhältlich sind (siehe »Orangenblütenwasser«), werden auch sie destilliert. Die Duftwässer werden in Flaschen abgefüllt, vier bis fünf Monate aufbewahrt, ehe man sie verwendet, und sollen den in den Destillerien erzeugten überlegen sein. Mit Rosenwasser werden sowohl Getränke aromatisiert als auch süße und pikante Speisen.

Safran Die getrockneten Narbenfäden des *Crocus sativus* gelten als teuerstes Gewürz der Welt. Jede Blüte enthält nur drei dieser Fäden, die von Hand gezupft und anschließend getrocknet werden. Von den Arabern eingeführt, werden sie heute in Marokko angebaut, geerntet und verarbeitet. Fäden wie auch gemahlener Safran werden wegen der schönen gelben Farbe und des Aromas wegen verwendet. Verlangt ein Rezept eine Prise gemahlenen Safran, nur so viel verwenden wie auf der äußersten Spitze eines Messers Platz findet, da die Fingerspitzen mehr als nötig aufnehmen. Gemahlenen Safran sollte man nur bei verlässlichen Händlern kaufen.

Safran, gemahlen In den Rezepten in diesem Buch werden häufig gemahlene Safranfäden verlangt. Um selbst gemahlenen Safran herzustellen, müssen die Fäden spröde sein. Die Fäden auf einen Teller legen, diesen über kochendes Wasser setzen und stehen lassen, bis sie trocken und spröde sind. Dann mit einer kräftigen Prise Salz in einen kleinen Mörser geben und mit dem Stößel pulverisieren.

Schnecken In Marokko gibt es über 70 Schneckenarten, und das Land ist einer der weltgrößten Exporteure dieser Gastropoden. Gedünstete Schnecken sind ein beliebter Straßenimbiss. Sie werden in einer aromatischen Brühe aus Anissamen, Süßholz, Kümmel, Mastix, Thymian und – je nach Belieben des Kochs – auch anderen Zutaten gegart. Die Verkäufer bieten Holzstocher an, damit man das Fleisch aus den Schalen pulen kann.

Schwarzkümmel Die kleinen schwarzen Samen werden meist vor dem Backen auf Brot gestreut ebenso wie auf gedämpftes Hähnchen. Sie haben nur wenig Aroma, aber einen nussigen Geschmack und eine leicht pfeffrige Schärfe. Häufig werden schwarze Kreuzkümmel- oder Sesamsamen fälschlicherweise als Schwarzkümmel bezeichnet.

Sesamsamen Die seit mehr als 4000 Jahren verwendeten Sesamsamen gehören seit Jahrtausenden zur nordafrikanischen Nahrung. Sesam war der erste Samen, aus dem Speiseöl gewonnen wurde, obwohl dieses in Marokko keine Rolle spielt. Samen hingegen werden häufig eingesetzt. Sesamsamen sind ein wichtiges Handelserzeugnis. Man findet sie auf marokkanischen Broten, geröstete Samen werden auf herzhafte Speisen oder Süßgebäck gestreut oder gemahlen, um *ghoriba dial janjlane* (s. S. 260) daraus zu machen. Zum Rösten der Samen verwendet man eine ungefettete Pfanne, gibt die Samen hinein und erhitzt sie auf mittlerer Temperatur. Häufig rühren, bis sie leicht gebräunt sind, und sofort auf einen flachen Teller kippen, damit sie nicht verbrennen. Nach dem Abkühlen in einem versiegelten Glas in den Kühlschrank stellen. Man kann sie auch in einem Bräter verteilen und gelegentlich rühren, bis sie goldbraun sind. Auch danach sofort in einen anderen Behälter geben.

Sheriya Couscous ist die »Pasta« des Maghreb, allerdings gibt es auch eine marokkanische Pasta. *sheriya* sind kleine Teigkügelchen, die zu dünnen Streifen, etwas dicker als *vermicelli* (Reisnudeln), gerollt werden. Normalerweise werden sie dreimal gedämpft und zwischendurch vorsichtig in kaltem Wasser abgeschreckt, danach in Füllungen verwendet oder einfach mit Butter vermischt und mit Zucker und Zimt serviert. Allerdings ziehen es heute die meisten Köchinnen vor, *vermicelli* zu zerbröseln und diese zur Suppen zu geben oder in Füllungen zu verarbeiten.

Smen Geklärte Butter, deren Milchpartikel man leicht bräunen lässt, sodass sie einen leicht nussigen Geschmack erhält (s. S. 282). Butterschmalz kann als Ersatz verwendet werden, in vielen Rezepten auch Butter. Die Berber stellen einen gereiften *smen* her, indem sie ihn in einem versiegelten Steingutkrug aufbewahren, der dann in den Keller gestellt oder für ein Jahr oder länger vergraben wird; er erhält dadurch ein Aroma, das an kräftigen Blauschimmelkäse erinnert.

Tajine Name für ein Tongeschirr mit konischem Deckel ebenso wie für die darin zubereiteten Schmorgerichte.

Tangia Ein Keramikgefäß, das wie eine kleine Amphore geformt ist. Die daran zubereitete Speise nennt sich ebenfalls *tangia* und wird als »Junggesellengericht« bezeichnet. Denn junge Männer oder Soldaten, geben – fern der Heimat – ihre Fleischstücke (Rind, Lamm oder Ziege) hinein, fügen Tomate, eingelegte Zitrone, Koriandergrün (Cilantro) und glatte Petersilie, Salz sowie Pfeffer dazu und verschließen die *tangia* mit Pergament und Schnur. Sie wird dann zum Heizofen des Hamam (Badehaus) gebracht und mehrere Stunden lang in der Glut gegart.

Tobsil Eine runde flache Pfanne aus verzinntem Kupfer oder Aluminium. Auf der Pfanne, die man umgekehrt auf eine Kohlenpfanne oder einen Topf mit kochendem Wasser gesetzt hat, wird der *warkha*-Teig ausgeklopft. Wieder umgedreht wird die *bestilla* (Jungtauben- oder Hähnchenpastete in *warkha*-Teig) in den *tobsil* geschichtet und darin gebacken.

Za'tar Arabisches Wort für Thymian. Das Mittelmeerklima verleiht gewissen Wildkräutern eine Intensität und ein Aroma, das bei Kulturkräutern unerreichbar ist. Sollte kein getrocknetes *za'tar* aus Marokko in den entsprechenden Lebensmittelmärkten zu finden sein, kann man einfach getrockneten Thymian oder Zitronenthymian verwenden. In den Rezepten ist angegeben, welche Ersatzkräuter jeweils geeignet sind. Keinesfalls jedoch sollte man *za'tar* mit der gleichnamigen libanesischen Gewürz- und Kräutermischung verwechseln, die dort zum Bestreuen von Brot verwendet wird.

Zimt Fein abgeschälte Rinde des Zimtbaumes, *Cinnamomum zeylanicum*, die zu Stangen aufgerollt wird. Sowohl Zimtstangen als auch gemahlener Zimt sind weitverbreitet. Gemahlener Zimt enthält häufig Cassia, die eigentlich einer anderen Zimtbaumsorte angehört. Cassia ist rötlichbrauner und kann anstelle von Zimtstangen verwendet werden, häufig wird sie sogar unter der Bezeichnung Zimt verkauft. Zimt wird sowohl in herzhaften als auch süßen Gerichten und Gebäcken verarbeitet.

Zwiebel Die braune Haushaltszwiebel ist in der marokkanischen Küche allgegenwärtig. Gelegentlich nimmt man auch eine weiße; rote Zwiebeln werden nur in Salaten verwendet, grüne Zwiebeln isst man zuweilen zu Suppen, wie etwa in manchen Gegenden zur *bissara*.

REGISTER

Gefettete Seitenzahlen weisen auf Rezepte hin

A

B

C

D

E

F

EINKAUFSADRESSEN IM INTERNET

DEUTSCHLAND

www.afrika-laden.de

www.bremer-gewuerzhandel.de

www.deliwelt.de

www.gewuerzexperte.de

www.gourmondo.de

www.soukdumaroc.de

www.spicezeit.de

www.tali.de

www.zauberdergewuerze.de

ÖSTERREICH

www.eder-tee.at

SCHWEIZ

www.gwuerzhuesli.ch

www.moerser.ch

Verlagsleitung Juliet Rogers
Verleger Kay Scarlett

Lektorat Jane Lawson
Texte und Rezepte Tess Mallos
Konzept Gestaltung Marylouise Brammer
Gestaltung Susanne Geppert
Fotografie Alan Benson, Martin Brigdale, Ashley Mackevicius, Prue Roscoe, Ian Hofstetter, Natasha Milne
Food Styling Wendy Berecry, Jane Hann, Georgina Leonard
Rezeptzubereitung Ross Dobson, Georgina Leonhard, Wendy Quisumbing
Produktionsbetreuung Monique Layt
Kartendesign Ian Faulkner

Für die deutsche Ausgabe
Programmleitung Monika Schlitzer
Projektbetreuung Elke Homburg
Herstellungsleitung Dorothee Whittaker
Herstellung und Covergestaltung Petra Kühner

Titel der englischen Originalausgabe:
THE FOOD OF MOROCCO

Der Originaltitel erschien 2008 bei Murdoch Books Australia und Murdoch Books UK

5. Auflage 2016

Übersetzung Maria Mill
Redaktion Natalie Röseler

ISBN 978-3-8310-1586-3

Printed by C&C Offset Printing Co. LTD in China

Besuchen Sie uns im Internet
www.dorlingkindersley.de

Zu beachten: Beim Backen in Umluftöfen kann die in den Rezepten angegebene Temperatur um 20 °C reduziert werden.